Debout, les damnés de l'Uber !

Charline Vanhoenacker

Debout, les damnés de l'Uber !

chroniques

DENOËL / France Inter

Cyclo-prolétariat

Le sac isotherme sanglé sur le dos, ils ressemblent à des tortues, mais ils filent comme des lièvres à travers les rues. Les livreurs de repas à vélo sont des coursiers dont le pli urgent s'est mué en blanquette de veau encore fumante.

Derrière les plateformes de livraison de repas à domicile, on trouve deux ou trois gars sur leur écran, bien au chaud, qui envoient les autres rouler à fond sous la pluie. Car pour ces autres, c'était ça ou le chômage. Alors ils ont suivi ce type qui leur a dit : « T'en as marre d'être collé à ton canapé ? Eh bien, roule derrière un camion ! » Attention, il n'y a rien d'humiliant à être livreur de repas à vélo, puisque dans ce cas, les nouilles ne sont pas dans le slip mais dans le sac à dos isotherme. En revanche, celui qui se casse la gueule peut se brosser pour la couverture maladie. Et le vélo, tu iras le réparer toi-même, puisque c'est toi qui as dû l'acheter, ton outil de travail. Au rayon des esclaves, les gladiateurs avaient plus d'avantages : on leur fournissait les armes. Aujourd'hui, dans les rues de Paris, on croise « ceux qui réussissent » et ceux qui livrent à ceux qui réussissent.

En novlangue, ce prolétariat 2.0 a été baptisé « autoentrepreneur ». Dans la start-up nation, la vaseline produit d'astucieux glissements sémantiques comme celui-ci, alors qu'il s'agit d'un ouvrier qui fabrique non plus un objet mais un service. « Autoentrepreneur », ça sonne tellement mieux à l'oreille de notre société que « salarié » ou « fonctionnaire » – les protections sociales en moins. D'ailleurs, aujourd'hui, tu n'es plus précaire, tu es « flexible ». La preuve : tu n'es pas payé à l'heure, mais au nombre de repas livrés, le fameux « travailler plus pour gagner plus »… et plus vite, puisqu'à chaque feu rouge de brûlé, c'est du temps de gagné, c'est un repas livré de plus. Le code de la route s'arrête là où commence le Code du travail.

Bien sûr, il existe des solutions pour améliorer le sort de ces travailleurs : si pendant la livraison le coursier effectue des acrobaties à vélo, il peut espérer obtenir le statut d'intermittent du spectacle, afin d'arrondir ses fins de mois. La course en roue arrière demande juste de s'assurer qu'il n'y a pas de soupe dans la commande.

Abordons enfin une question juridique : si un livreur Deliveroo se fait renverser par un taxi Uber, est-ce que quelqu'un en Californie va en avoir quelque chose à foutre ?

Le marché étant florissant, un supermarché a même lancé la livraison de kits apéritifs (bien que ce soit le livreur qui gagne des cacahuètes). J'ai testé, et contre toute attente, c'était délicieux : quand j'ai imaginé l'ouvrier en CDI de chantier qui fait peut-être trois quarts d'heure de transport chaque matin pour venir à l'usine couper le fromage en cubes, et ensuite, l'autoentrepreneur à vélo qui a brûlé trois feux rouges et sué des litres pour me l'apporter, alors que j'aurais pu descendre l'acheter juste en bas de chez moi… le fromage en cubes avait meilleur goût. Un conseil : partagez ce moment avec des potes de droite, afin de trinquer à l'assistanat. « Tchin-tchin ! C'est génial, à Paris, la vie est devenue un vaste room service ! »

Dans les grandes villes, ça se comprend : avec la hausse des loyers et des taxes foncières, les gens préfèrent rester chez eux, pour rentabiliser. Et puis, quand tu rentres à la maison et que tu es déjà au bord du burn-out, tu ne vas pas en plus te mettre à découper des cubes de gouda ! Quand je pense à tous ces petits restos, ces traiteurs et ces supérettes en bas de chez nous et qui nous attendent bêtement ! Alors qu'on est là, tranquilles, posés, à balayer notre smartphone d'un index dédaigneux pour choisir ce qu'on va bouffer sur une appli.

Ce sont souvent celles et ceux qui se font livrer de la bouffe depuis leur canapé qui font ensuite venir un coach sportif à domicile. Et quand on pense que cette fois, le tableau est complet, on oublie qu'après il faut donner une note au coach, puis au livreur, ensuite au cuisinier, et au type qui a fait le design de l'emballage. Résultat des courses : on aura perdu le temps qu'on aurait passé à la caisse.

Quelle sera alors la prochaine étape ? Les chauffeurs Uber nous proposeront une bouteille d'eau, des bonbons et, pour 15 euros de plus, le filet mignon en croûte de sel accompagné de ses brocolis. Et ce jour-là, pour peu qu'on entre par mégarde dans un resto, le patron nous dira : « Ah mais on sert plus sur place, commandez vos plats sur notre site ! » Le resto sera vidé de ses serveurs, qui seront en train de pédaler quelque part dans Paris.

Les habitants des grandes villes abandonneront aussi peu à peu les Caddies (physiques) et les rayons (réels) des supermarchés. De toute façon on s'en fiche de ne plus pouvoir tâter et choisir les fruits, puisqu'ils ont tous la même forme et le même goût. Ma petite voisine pense déjà que la clémentine n'a pas de peau et qu'elle pousse en quartiers dans du plastique. Je le sais parce qu'hier, je suis allée sonner chez elle pour lui demander du sel. Ses parents m'ont prise pour une dingue… Je vais d'ailleurs aller m'excuser ce soir, c'est préférable.

Nous approchons donc progressivement du stade où l'on passera par une appli américaine pour que notre stagiaire nous apporte le café au bureau. Pour lui ça ne changera rien, il ne sera toujours pas payé. Mais nous, on filera 1 euro aux Californiens pour qu'ils aillent le planquer au Luxembourg.

Plateau paysager

Je vous propose de nous interroger sur notre espace de travail. Car, après avoir cloisonné les espaces, puis les avoir décloisonnés en disposant les salariés sur ce qu'on appelle en français un « plateau paysager », les études ont démontré que « les travailleurs en open space dépriment et sont davantage malades ». Voilà le constat : l'open space, on aurait d'abord dû le tester sur des rats. Et ça, on aurait dû s'en douter dès qu'on a arrêté de parler avec son voisin pour lui envoyer des e-mails.

Un peu d'histoire : l'open space prend son essor aux États-Unis dans les années 50 et il s'inspire très probablement de l'architecture carcérale où les gardiens peuvent voir tout le monde sans être vus.

Je suis certaine que plus tard, les historiens diront de nous qu'« ayant du mal à faire émerger une conscience collective, nous retournions paradoxalement à la loi du groupe dans un open space où chacun peut observer les autres quotidiennement ».

Voilà comment le « plateau paysager » permet d'élargir

les compétences des salariés. Par exemple, un simple « graphiste » deviendra grâce à l'open space un « surveillant graphiste ». La promiscuité permet d'aiguiser les qualités des travailleurs, comme la patience. Car lorsque Muriel qui vous fait face passe son cinquième coup de fil perso de la matinée, que vous savez que mardi elle a rendez-vous chez le coiffeur et jeudi après-midi chez le banquier, parce que le matin elle ne peut pas, vu qu'elle accompagne sa chienne Poupette chez le vétérinaire… il faut vous armer de patience pour ne pas lui balancer votre agrafeuse entre les deux yeux.

Il arrive de plus en plus souvent que dans l'open space vous n'ayez pas de bureau attitré. L'espace est impersonnel, certes, mais si vous êtes viré dans trois mois, ça ne sert à rien de trop s'installer. Et ce n'est pas grave, car vous êtes désormais « un CDD nomade qui télétravaille ». On fait du coworking et des conf calls, alors peut-être avez-vous confondu « autonomie » avec « liberté » ? Perdu ! Vous n'êtes pas libre, puisque vous êtes au boulot. Non, c'est votre bureau qui est devenu libre, car dans la start-up nation « n'importe quel lieu fait office de bureau ». Même au jardin d'enfants vous dites à vos gosses : « Non, maman ne peut pas venir te pousser sur la balançoire, tu vois bien que maman travaille ! » On peut même bosser le soir dans son lit : « Chéri, pas ce soir… Là, je suis déjà à deux doigts de conclure un rapport, deux ça fera trop. »

Et si, dans l'open space, vous trouvez que c'est tellement plus marrant de bosser le cul posé sur une balle en latex entre deux parties de baby-foot dans l'espace convivialité, dites-vous que, le mal-être des salariés n'étant plus rentable, les actionnaires ont opté pour leur accorder un peu de bien-être.

Chichi

Je m'appelle Martine, et M. Chirac a beaucoup compté pour moi. Parce que grâce à lui, j'ai eu l'immense privilège d'occuper un poste d'emploi fictif à la Mairie de Paris. En effet, je n'ai pas travaillé de 86 à 96, au terme d'un entretien d'embauche auquel je ne me suis pas rendue. Mon atout majeur pour le poste, c'est que j'avais bien pris soin de ne pas rédiger de CV et ça, je pense que ça a été décisif dans ma carrière. C'est comme ça que je suis devenue « chargée de mission ». Quelle mission ? Alors ça, je ne l'ai jamais su ! Mais à chaque fin du mois, lorsque je recevais mon salaire, je ressentais une véritable passion pour ce métier que je n'exerçais pas.

Je dois à Jacques Chirac la plus belle partie de ma carrière : tous ces dossiers dont j'ignorais l'existence, tous ces collègues que je n'ai pas connus ! On était quelques-uns à avoir ce rythme de vie, vous connaissez la routine : « Pas de métro, pas de boulot, gros dodo ! » Il y a tellement de beaux souvenirs que je n'ai pas de cette époque.

Dans ma famille on a toujours été de droite. J'ai voté

Chirac à chaque fois qu'il s'est présenté et mon père a même voté pour Tiberi quatre ans après sa mort. Inutile de vous dire que Chirac, je ne le croisais jamais pendant les heures de travail. La seule fois où je l'ai rencontré, c'était un samedi, quand il a marié mon frère et ma belle-sœur.

Néanmoins, pendant les dix années à ce poste, j'étais parmi les plus assidues : on m'a même attribué le titre d'employée fictive du mois une bonne dizaine de fois. Je ne comprends pas pourquoi on a fait tout un foin autour de ces emplois fictifs… on n'avait même pas droit aux tickets resto !

Et puis un jour, j'ai atteint l'âge de la retraite. J'aurais voulu continuer, mais il fallait céder ma place à des petits jeunes, surtout qu'Alain Juppé avait lui aussi beaucoup d'amis à ne pas faire travailler. La retraite n'a pas été facile. Quand on a comme moi le sens du devoir non accompli, on a du mal à accepter de devoir se retirer.

Alors j'ai organisé un pot de départ avec tous mes collègues de travail : mon facteur, avec qui je prenais ma pause clope tous les matins à 10 heures, Lulu le serveur du Canon des Gobelins, et mon buraliste chez qui j'allais jouer au Loto l'après-midi. L'avantage, c'est que mon départ à la retraite n'a strictement rien changé à mon quotidien. Mais n'empêche que, sur le coup, ça m'a fait bizarre.

Sous Chirac, on ne nous demandait pas de travailler plus pour gagner plus. Grâce à lui, certains ont même pu prendre une retraite anticipée, à l'île de Ré. C'était le bon temps ! D'ailleurs, maintenant qu'il est devenu si populaire post mortem, j'en suis presque à regretter que mon emploi ait été fictif.

Les corps étrangers

Dans plusieurs crèches d'Île-de-France, les employés ont retrouvé des os et des vis dans la purée pour bébés. Un peu comme il y a du plastique dans le poisson, du glyphosate dans nos urines, de l'aluminium dans nos déodorants et de la pub pour des bagnoles sur France Inter. On trouve aussi de la gélatine de porc dans les bonbons, de la haine sur des chaînes d'info et ma mamie sur Snapchat. En revanche, il n'y a plus de friture sur la ligne ni de rhinocéros blancs du Nord. Parce qu'il n'y a plus de lignes et qu'on a perdu le nord.

Heureusement il y a encore des chevaux. Même si parfois ils sont dans les lasagnes. Comme un jouet dans le Happy Meal, l'ananas sur les pizzas, la crème fraîche dans les carbonaras… et du beurre dans les épinards, là c'est plus rare. Heureusement, il nous reste *Camping 3*, *Taxi 4* et le Mouvement 5 étoiles. On a aussi retrouvé Xavier Dupont de Ligonnès ! Mais que dans les journaux. Un terroriste à la préfecture de police, un incendie dans une usine chimique, et une couille dans le potage.

Il y a du paraben dans le gel douche et de l'eau dans le

gaz. Il y a des traces d'allergènes dans les pâtes et des traces de gauche dans Michel Sardou. Mais toujours aucun signe de moralisation dans le capitalisme. Y a des enfants d'immigrés au FN, une chroniqueuse d'Ardisson chez les Insoumis, un banquier à l'Élysée et Louis Sarkozy dans la matinale. Mais y a plus de rumba dans l'air.

On déplore qu'il y ait du bisphénol A dans les tétines, une carte de presse dans la poche de Pascal Praud, Christophe Castaner au ministère de l'Intérieur et le ministre de l'Intérieur en boîte de nuit. Cela dit, on a retrouvé la 7e compagnie.

On a vu aussi Cédric Herrou au tribunal, mais toujours pas Marine Le Pen. Et puis des écologistes au gouvernement… Non, j'déconne ! Faut pas pousser… On a déjà droit à de la politique chez Hanouna, et puis des numéros de cirque à l'Assemblée… Alors si maintenant on retrouve des traces de shampoing dans les cheveux de Houellebecq et de la dignité chez Manuel Valls… je vous préviens, je ne suis pas prête.

Voilà. Je crois bien qu'on a retrouvé nos vieux démons, des juifs dans la salle, des voiles dans la République et l'Opus Dei chez les cathos. Il y a des grèves dans le public, des points dans ta retraite, un contrôleur dans ton chômage mais pas dans ton TER.

Et enfin, on a retrouvé des dépouilles de réfugiés dans un camion.

Donc en fait, le seul truc normal à notre époque… c'est Balkany dans une prison.

Batterie faible

D'après l'étude d'une université londonienne, selon que notre smartphone présente 5 % ou 95 % d'autonomie, notre perception des choses se trouve modifiée : on ressent respectivement « une sensation d'angoisse ou d'accomplissement ». Cette étude paraît superflue, tant chacun d'entre nous a déjà éprouvé le phénomène. En effet, le monde se divise en deux : ceux qui voient la batterie à moitié pleine et ceux qui voient la batterie à moitié vide.

Pourquoi une jauge dans le rouge procure-t-elle de l'angoisse ? Parce que cela signifie qu'il faudra aller chercher soi-même à manger, puisqu'on n'a plus accès à Deliveroo. C'est la perspective de devoir demander son chemin dans la rue parce qu'on n'a pas Google Maps, et de devoir écouter les discussions des gens dans le bus car on ne peut plus écouter sa playlist. En résumé, une batterie faible, c'est la terrible perspective de devoir adresser la parole aux gens.

À quoi bon aller dîner au restaurant si, au moment du dessert, on n'a plus assez de batterie pour instagrammer sa crêpe Suzette ? Voilà, on y est : une batterie vide, c'est se replonger dans le quotidien infernal des années 90, et personne ne mérite de revivre ça. Autant en finir tout de suite en se laissant mourir avec son téléphone.

Le pire étant le moment fatidique où on arrive à 5 % de batterie. À cet instant précis, on serait prêt à échanger sa mère contre un chargeur. (Sauf chez les électeurs de Benoît Hamon, relax, quand on a été habitué à vivre à moins de 6 %.)

En revanche, lorsque notre batterie affiche 100 %, on éprouve un sentiment de confort et de satisfaction énorme. On se dit que tout est possible et qu'on peut conquérir le monde. (En réalité on regarde des épisodes sur Netflix ou on envoie des likes sur Facebook, mais un jour, c'est sûr, on va changer le monde !)

Aujourd'hui, nous sommes des milliards à souffrir de cette phobie de la batterie vide, même nos plus grands philosophes cèdent à cette angoisse : lorsque Bernard-Henri Lévy est en week-end à Marrakech ou sur un terrain d'opérations, si le photographe n'a plus assez de batterie pour envoyer les photos à *Paris Match*, lui aussi subit un microtraumatisme.

Nous sommes intégralement dépendants de nos smartphones : lorsqu'ils n'ont plus de batterie, c'est nous qui n'avons plus d'autonomie.

Clash diplomatique

Ça sonne tellement français, Tromelin, ça pourrait se trouver dans la banlieue de Limoges. Mais Tromelin est une île de l'océan Indien située au large de la République de Maurice, qui dispute la souveraineté de cet îlot à la France. Pour vous faire une idée, l'île Tromelin, c'est un Pépito posé au milieu de l'océan. D'autres diraient que c'est un « confetti de l'empire ». Pour être exacte, l'île Tromelin, c'est 1,3 km^2.

Son sort sera un jour scellé à l'Assemblée nationale, où il sera peut-être décidé d'une cogestion de l'îlot entre la France et l'île Maurice, mais en attendant, le dossier est régulièrement retiré de l'ordre du jour et les deux camps restent sur leur position. Ce qui chagrine terriblement le Medef, qui y voit une perte considérable. Son président a le cœur Grenadines.

Déjà Pierre Gattaz avait demandé aux parlementaires de « veiller [...] à ce que la France ne se prive pas d'un potentiel économique et de créations d'emplois ». Les mecs n'arrivent pas à créer des emplois dans l'Hexagone, et ils se disent que sur un îlot du bout du monde, là y aurait moyen.

Le Medef, l'UDI et le FN sont inquiets : il y va de la souveraineté de la France, notamment dans le domaine du ridicule. On ne va quand même pas brader ce bout de terre comme si c'était l'hippodrome de Compiègne !

Ils se font du mouron pour rien, tous ces gens. Parce que là-bas, la minuscule station de surveillance des cyclones, bâtie dans les années 50, est automatisée. Donc, les trois personnes qui vivent sur l'île, si ça se trouve, c'est trois chômeurs. Tromelin, c'est aussi peuplé qu'un meeting de Dupont-Aignan. Mais l'île Tromelin, qui fait partie des îles Éparses, c'est 280 000 km^2 d'eaux riches en poissons et en hydrocarbures, et ça, ça excite le Medef.

Un traité de cogestion signé entre la France et l'île Maurice permettrait à des bateaux mauriciens de « venir pêcher dans *nos* eaux territoriales ». Je ne sais pas si vous vous rendez compte : des indigènes qui viendraient pêcher *nos* poissons français ? En 2017, quand l'Assemblée aurait dû trancher, le député UDI du Tarn, Philippe Folliot, était colère. Mais il croit quoi ? Que les Mauriciens vont venir pêcher jusque dans le Tarn ?

Et après ? Ce seront des barques pleines de migrants mauriciens qui accosteront pour profiter de tous les avantages des trois Français présents sur l'île ? Si on laisse faire ces Mauriciens, ils finiront par demander à entrer dans l'Europe ! Et si on va droit vers un clash diplomatique entre l'île Maurice et la France, les représailles seront terribles : imaginez un embargo sur le Ricard au bar du Club Med.

Travail gratuit

Une société qui a imaginé l'emploi fictif est capable d'inventer le travail gratuit. Quand vous réservez vous-même votre billet de train par Internet, vous faites le job qui auparavant était réalisé par un travailleur (et le prix du billet n'a pas diminué pour autant). Quand votre opérateur téléphonique vous interroge sur votre « expérience client », vous bossez pour lui, sans qu'il vous accorde une ristourne.

Heureusement, il y a des avantages. Quand vous scannez vous-même vos articles au supermarché, vous pouvez choisir de le faire à votre rythme, et même très lentement, avec plein de gens qui gueulent derrière : vous effectuez un travail d'où aucun patron ne va venir vous virer. Vous êtes un peu l'autoentrepreneur de vos courses. Vous vous souvenez de cette époque où le client était roi ? Aujourd'hui, c'est fini : désormais, le client est employé.

Et le bénévolat ? S'il est encadré par des horaires et qu'il implique un rapport de subordination dans l'équipe, c'est une forme de travail dissimulé. Mais n'oublions pas que plus il y aura de bénévoles, moins il y aura de chômeurs. Là aussi, il y a plein d'avantages : plus besoin de s'auto-évaluer par un salaire, plus besoin de demander une augmentation, et même plus besoin de surveiller le montant de votre compte courant – vous n'en avez plus.

C'est le rêve du Medef et c'est déjà une réalité en France : ça s'appelle aussi un « stage non rémunéré » ou « partager son expérience client » ou, encore plus pernicieux, « l'engagement citoyen ». C'est sûr qu'en comparaison, le coût du travail sera toujours trop élevé. Et là-dessus, le patron des patrons viendra vous dire : « L'altruisme est une richesse. » Je lis partout que le bénévolat est en hausse en France, et c'est logique, puisque dans notre pays un des seuls domaines qui restent porteurs, c'est la précarité.

Et là, quel est l'avantage ? La parité. Elle est parfaite puisque les femmes ne sont pas moins payées que les hommes, car comme eux, elles ne sont plus payées du tout.

Le travail gratuit se niche partout, notamment chez les candidats de téléréalité, qui bossent gratos pour engraisser les producteurs et les chaînes de télé. Et dans le fond, à chaque fois qu'on poste un statut sur Facebook, c'est un peu comme si on travaillait pour Mark Zuckerberg, le mec qui est devenu milliardaire grâce à nos photos de vacances au camping. Voilà, si vous ne saviez pas ce que Kim Kardashian fait comme boulot, maintenant vous savez qu'elle est bénévole pour Instagram.

Si ce système développe tout son potentiel, il nous mènera à un modèle qui fait fantasmer le capitalisme : un jour, quand il y aura trop de bénévoles, il faudra payer pour travailler gratuitement.

Molière is too Bouygues

La « clause Molière » oblige les ouvriers à parler français sur les chantiers publics, afin d'« assurer leur sécurité ». Si la langue française devient l'outil de la préférence nationale, je me marre. Salut à toi l'Ivoirien, salut à toi le Comorien, salut à toi le Congolais ! Bienvenue à l'ouvrier haïtien, à l'ouvrier canadien, bienvenue à toi le Sénégalais. Et si maintenant, cette clause à deux balles, on l'appelait la « clause Sédar Senghor », la « clause Simenon » ou la « clause Mabanckou » ?

En tant que travailleuse belge, j'ai un peu de mal à rester « détachée » face à ce sujet. Au point d'avoir consulté le blog d'Éric Ciotti, qui a posté un slogan : « Molière est de retour pour défendre l'emploi local. » Vous saviez, vous, que Molière était inscrit à la CGT ? Moi pas. Le gars brûlait les planches, pas les pneus !

Comme ça ne suffisait plus de déterrer le général de Gaulle tous les deux jours, il a fallu qu'il s'en prenne à Molière. Non content de l'avoir assassiné, maintenant, il veut le couler dans le béton ! Mettez-vous un instant à la place de l'entrepreneur qui doit répondre de son employé :

« D'accord, il a posé le lavabo de travers, n'empêche qu'il sait parfaitement accorder un participe passé avec "avoir" quand le complément d'objet est placé devant ! »

À quand la clause Charlie Chaplin pour les taxis ? On les obligerait à garder le silence pendant toute la course. Et bientôt la clause Évelyne Dhéliat, pour que les coiffeurs cessent de parler de la météo. La droite veut imposer la langue française sur les chantiers publics : mais qui pour sanctionner la langue de bois de la droite sur ce gros chantier qu'était devenue la campagne de François Fillon ?

Quant à Valérie Pécresse, elle applique la clause Molière à l'Île-de-France, une clause incluse dans son plan baptisé le « Small Business Act ». Valou, première sur la vanne. Je fais quoi, moi, derrière ? Si je fais une blague, c'est du dumping social.

Est-ce qu'on ne pourrait pas voir la libre circulation des travailleurs sur les chantiers comme un Erasmus ouvrier ? Parce que si vous devez creuser des fondations en faisant une dictée, ça va faire exploser le plafond de la pénibilité. À ces élus qui pensent qu'il est ardu de trouver un ouvrier français sur un chantier public, je réponds que ça l'est autant que de trouver un ouvrier français à l'Assemblée nationale.

Éducation confinée

Le gouvernement a pris des mesures de sécurité pour protéger les écoles des attentats. C'est important de sensibiliser les jeunes aux risques et à la sécurité : il faut qu'ils aient conscience qu'il existe d'autres menaces que l'interro surprise de la prof de maths. Depuis la mise en place de ces nouvelles mesures de sécurité dans les écoles, si tu t'enfermes pour fumer dans les chiottes du collège, y a un mec du Raid qui descend en rappel et qui te plaque au sol. Et encore, là c'est soft. Si la droite avait été au pouvoir, les pions seraient équipés de tasers.

Un collège de Seine-Saint-Denis a pris les devants. Dans *Le Parisien – Aujourd'hui en France*, le principal de l'établissement a détaillé l'équipement d'une salle de confinement : « 460 couvertures de survie, des packs d'eau et de la nourriture lyophilisée », ce qui relance le débat sur la nourriture lyophilisée halal, « bref, de quoi vivre en autarcie deux jours ». Ce principal ajoute : « Ma priorité n'est pas de créer un climat d'angoisse, mais un climat de travail. » Vous aurez compris que ce collège a été rendu complètement étanche, mais que le principal du collège, lui, ne l'est plus tout à fait, étanche.

Et pourtant, les mesures gouvernementales prévoient effectivement des « exercices de confinement ». Donc désormais, au lieu de partir en classe verte, les élèves passeront une semaine au sous-sol.

Ils vont devoir s'imprégner d'une culture sécuritaire, grâce à des travaux pratiques : désamorcer une ceinture d'explosifs avec un stylo quatre couleurs ou désarmer un terroriste à l'aide d'une flûte à bec. À Meaux, des simulations de vol de pains au chocolat seront prévues pour éviter le pire.

La circulaire évoque aussi une « sensibilisation aux gestes qui sauvent » pour les collégiens de troisième : dès quatorze ans, tu dois pouvoir comprimer une artère ou récupérer le bras de la conseillère d'orientation resté coincé dans l'arbre de la cour de récré.

Cela dit, ne perdons pas de vue une chose : les établissements scolaires bénéficient d'une barrière intégrée contre les visiteurs indésirables. En effet, il s'agit de lieux de savoir et d'égalité, deux concepts qui agissent naturellement comme un repoussoir contre les décérébrés. Maintenant, il faut bien l'avouer, le plus sûr moyen de sauver sa peau, c'est encore de sécher.

Le CD-hihi

Un nouveau type de contrat de travail arrive sur le marché : le CDI intérimaire. Les agences d'intérim vous engagent en CDI pour vous confier des missions dans diverses entreprises. Vous incarnez alors l'élite de l'intérim. En clair : « Vous n'aimez pas avoir un patron sur le dos ? Eh bien, essayez avec deux ! » Il faut rendre des comptes à deux fois plus de monde, vous êtes deux fois plus surveillé, vous avez deux fois moins de liberté et le tout pour le même salaire.

Ce contrat vous assure un travail à moins de cinquante kilomètres de chez vous. En revanche, il ne vous sera pas possible de refuser les missions qu'on vous propose. Vous pourrez donc décrocher un poste près de chez vous, mais éloigné de vos compétences. On ne peut pas tout avoir, hein !

Ce système est conçu pour apporter de la stabilité au salarié et fidéliser les entreprises, c'est du gagnant-gagnant : une illustration parfaite de la « flexisécurité » – ce néologisme qui tient en treize lettres, tellement plus facile à retenir que les trois mille pages du Code du travail. Car, pour rappel, la flexisécurité, c'est comme mettre une ceinture de sécurité, mais en élastique.

Les banques vont devoir s'aligner et créer le « prêt immobilier par intérim » : on vous avance de l'argent pour acheter une maison, mais uniquement un mois sur deux. En effet, dans « CDI-I », le « hihi », c'est le rire de votre banquière quand vous lui demandez un emprunt !

C'est fou de constater à quel point la répartition du travail est devenue un casse-tête. Même pour les députés, car c'est aussi un casse-tête de répartir le travail entre les membres de sa famille. Mais soit. Désormais, on peut nourrir l'ambition de devenir « intérimaire professionnel ». Il suffit que dans les entreprises, les gens soient prévenus, parce que d'un mois à l'autre « Joël de la compta » peut devenir « Joël de l'intendance » puis « Joël du service commercial » et finir comme « Joël de Pôle emploi » parce qu'il a refusé de faire le ménage dans le bureau où, la semaine d'avant, il était comptable. Et ça, au Rassemblement national, on l'a bien compris : chez eux, pendant un mois t'es garde du corps, et le mois d'après, t'es attaché parlementaire. En revanche, il faut leur rappeler qu'ils sont obligés d'accepter toutes les missions qu'on leur propose, y compris lorsqu'il s'agit de se rendre à l'entretien chez le juge.

Le CDI intérimaire est donc un hybride, comme une voiture hybride : ça ne fait pas de bruit quand ça t'écrase. Rappelez-vous les mots de l'ex-présidente du Medef, Laurence Parisot : « La vie, la santé, l'amour sont précaires, pourquoi le travail échapperait-il à cette loi ? » Si on suit cette analogie avec l'amour, le CDI intérimaire fonctionne comme une maison close, et une chose est sûre : c'est pas vous le client.

Sondage à l'ail

Quand est-ce qu'on pourra enfin voter librement sans se trouver sous l'emprise des sondages ? Parce que sans les sondages, pas de vote utile (et la culpabilité qui va avec), pas de candidat soudain gonflé à l'hélium, pas de dépression chez Benoît Hamon. Nous sommes censés voter en notre âme et conscience, dans l'intimité d'un isoloir qui couvre jalousement notre choix. Alors pourquoi vouloir savoir ce que votent les autres pour prendre notre décision ? C'est nous, les citoyens, qui pouvons dire aux sondeurs pour qui nous allons voter. Mais aujourd'hui, il semblerait que ce soient les sondages qui dictent aux citoyens le choix qu'ils ont à faire.

Le principal thème de l'élection de 2017, c'était la lutte contre le système. Et l'institut de sondage, c'est quoi ? C'est le système qui vous appelle et qui vous demande de l'alimenter. On n'est pas si cons, donc soit on dit une connerie pour se marrer, soit on raccroche. Le sondeur, c'est le Témoin de Jéhovah 2.0, alors s'il cale le pied dans la porte, vous lui mordez les doigts. De toute façon, moins les sondages sont crédibles, moins on a envie de les rendre crédibles.

Le type qui vous a appelé pour savoir si vous préférez Le Pen ou Macron, c'est le même type qui va vous appeler dans deux mois pour savoir si vous préférez le saucisson sec ou à l'ail. Pourquoi ? Parce que le sondage politique, c'est juste un vulgaire produit d'appel. Avec le sondage politique, Brice Teinturier va montrer sa tête partout à la télé et sur notre antenne, pour que Justin Bridou ait envie de lui commander une étude : celle qui doit déterminer si le Français préfère le saucisson sec ou à l'ail. Chez Ipsos ou ailleurs, les types sont tellement malins qu'une semaine plus tard, ils sont capables de corréler le vote Le Pen avec celui de l'achat du saucisson sec.

Donc, la prochaine fois qu'un sondeur vous sollicite, allez, on dit qu'on ne leur répond pas ! On dit au type qu'on sait très bien qu'il nous appelle parce qu'après il veut signer un gros contrat avec une marque de saucisson. Ou avec Matignon. Rappelez-vous Manuel Valls, qui avait commandé un sondage pour savoir à quel animal il était associé… Quand l'Ifop vous appelle, vous pouvez répondre : « Hé, mec, c'est Valls qui t'envoie ? Et donc là, c'est avec mes impôts que t'es en train de me demander si le Premier ministre ressemble plus à un koala ou à un gnou ? »

Et pire, on achète notre avis : pour vous intégrer aux panels sur Internet, si vous répondez à la question « Hamon ferait-il un bon président ? », vous gagnez un rasoir électrique.

Le sondeur qui est peut-être en train de vous faire changer de candidat a pour seul but de s'offrir de la visibilité à pas cher dans les médias. Alors vous savez quoi ? On peut dire stop et arrêter de se faire sonder les urnes.

Sabotage sauvetage

En juin 2017, plusieurs groupes identitaires européens ont récolté des fonds afin de saboter le sauvetage en mer des migrants. Et là je dis : Cocorico ! Car c'est à l'initiative d'un groupuscule français : Génération identitaire. Alors, peut-être que vos tennismen ne sont pas au top, mais vous pouvez féliciter vos racistes. Ils cartonnent. Et c'est vrai que « Tu ne noieras pas ton prochain », ça ne fait pas partie des Dix Commandements – parce que Dieu s'est dit : « Ils ne sont quand même pas aussi cons ? »

Eh bien si. En mai 2017, le groupuscule extrémiste a tenté de bloquer le départ de l'*Aquarius*, le bateau de l'ONG SOS Méditerranée, qui avait déjà sauvé à l'époque plus de 13 000 personnes en un an, dont 2 000 qui, depuis, ont volé le travail des Français. Alors deux semaines plus tard, les fachos ont récolté 57 000 euros, afin de saboter les sauvetages en mer et éventuellement ramener les réfugiés vers les côtes africaines. Dans quel but ? C'est écrit sur leur site : « Défendre l'Europe. » Et ça, venant de l'extrême droite, c'est une autre innovation.

57 000 euros ! Mais est-ce qu'il n'y avait pas une façon plus utile de dépenser cet argent ? Sérieusement ? Avec les problèmes financiers que le Front national puis le RN doivent affronter depuis plusieurs années, est-ce judicieux ? Et cette initiative n'a pas eu l'air de gêner PayPal, l'entreprise de paiement en ligne par laquelle ils sont passés pour la collecte.

On sait que le même type d'individus avait déjà mis le feu à un centre d'accueil de SDF dans le 16e arrondissement de Paris. Et cela gratuitement, m'sieurs dames. Là, ça n'avait pas coûté un balle, parce que quand on haine, on ne compte pas. Mais maintenant, la méchanceté gratuite, c'est fini. Aujourd'hui, on peut payer pour ça. Jusqu'où cela peut-il aller ? Que faire de la prochaine cagnotte ? Acheter des tournevis pour aller crever les pneus des malades du Téléthon ? De janvier à juin 2017, 1 620 migrants dont 150 enfants ont trouvé la mort, noyés en mer… mais on peut faire beaucoup plus, grâce à la solidarité entre racistes.

Vous me direz : « Pourquoi en parler, vous mettez leur bêtise en lumière. » Mais c'est fait exprès ! Car ça me permet de rappeler comment faire un don à SOS Méditerranée, qui finance aujourd'hui encore son bateau, l'*Ocean Viking*, qui a succédé à l'*Aquarius*, et les sauvetages de réfugiés : www.sosmediterranee.fr. Je leur ai d'ailleurs versé le montant de cette chronique, avec d'autant plus de plaisir que cette dernière a été financée par les impôts, auxquels les identitaires contribuent.

Conclusion : ceux qui se noient en mer ont beaucoup plus de dignité qu'une chiée de crétins qui, bien au chaud chez eux, touchent le fond.

Mourons sans entraves !

La romancière Anne Bert a choisi de mourir en Belgique, puisque la France ne lui permettait pas d'achever sa vie dignement. Vous voyez que les Français ne viennent pas en Belgique *que* pour l'exil fiscal (si j'ai une bonne blague sur l'euthanasie, je n'hésite jamais). Chez nous, les Belges, c'est légal depuis quinze ans, donc on est plus détendus là-dessus. D'ailleurs, je dis toujours : « Partir, c'est mourir un peu. Partir en Belgique, c'est mourir beaucoup. » Vous allez me dire : « Peut-on rire de la fin de vie ? » J'espère bien qu'on peut !

Car que nous apprend le témoignage d'Anne Bert ? Que c'est en osant en parler naturellement que l'idée fera son chemin dans les esprits. Les Français ont été plus rapides que les Belges pour abolir la peine de mort, mais ils tardent à abolir la peine de vie. Pourtant, déjà dans l'Antiquité, Socrate avait bu la ciguë, *quand* il l'a décidé et *devant* ses fidèles. Platon a raconté sa fin minute par minute, Platon c'était l'ancêtre de BFMTV.

Et aujourd'hui, en France, où on fait la guerre à l'assistanat, lorsque des gens préfèrent mourir plutôt que de finir assistés, on les en empêche. J'entends d'ici les intégristes : « Et quoi ? Bientôt l'euthanasie de confort ? » Attention. Vouloir échapper à la sortie du dernier disque de Calogero n'est pas une raison suffisante pour en finir. L'euthanasie ne peut être autorisée que dans les cas extrêmes, comme en cas de maladie incurable (ou si on a voté Fillon à la présidentielle). De toute façon, que vous soyez pour ou contre, on sera peut-être bientôt tous euthanasiés par l'index de Kim Jong-un, et le problème sera réglé. C'est justement parce qu'on aime la vie qu'on ne veut pas en gâcher la fin. Alors, puisque le Styx passe par le Quiévrain, autant le franchir en douceur…

Certains Français viennent en Belgique pour donner naissance par la PMA, d'autres pour en finir par euthanasie, et entre les deux, ils viennent pour s'enfiler des moules-frites et des bières. Je ne suis donc pas mécontente de l'image que véhicule mon pays.

Anne Bert nous rappelle aussi qu'on peut réfléchir à sa mort. Par exemple, moi, je préfère partir en pouvant dire au revoir à mes proches, et si possible en me rappelant leur prénom (et s'il y a un bon verre de vin, je ne dis pas non, notez-le bien, ça pourrait servir pour plus tard). Mais si je décide d'en finir et qu'on m'en empêche, je considère que c'est une prise d'otage, et je vous laisserai expliquer que l'otage *veut* mourir !

Anne Bert a défendu par l'exemple l'idée qu'il est urgent d'obtenir le droit d'exercer notre dernière liberté. Jouissons et mourons sans entraves !

Douleur postale

La Poste propose désormais un service à la personne : une visite chez les personnes âgées, sur abonnement. Cette nouvelle mission attribuée aux facteurs a créé un malaise dans la profession. Elle s'intitule « Veiller sur mes parents » (sans doute parce que « Gérontissimo » c'était trop marketing). Moi qui ai déjà du mal à confier un colis à La Poste, je ne vais pas leur laisser mes parents ! Mais pour « diversifier ses activités », elle « se positionne sur le marché du vieillissement ». C'est la « silver économie » : la France est définitivement devenue une start-up. Un facteur vient rendre une visite hebdomadaire à mémé pour 19,90 euros par mois. Le tarif monte à 37,90 euros pour une deuxième visite par semaine. À ce prix-là, j'espère que le facteur passe aussi l'aspirateur. Depuis que j'ai appris ça, je n'ose plus dire bonjour à un employé de La Poste, de peur de lui devoir de l'argent.

Chaque visite chez mémé ne doit pas dépasser six minutes : c'est court, mais les études de La Poste ont montré qu'au-delà, on s'attache. C'est vrai, au-delà des six minutes et d'un petit café, on passe vite au calva… Et là, on va moins rigoler quand tous les facteurs vont dilapider nos héritages.

Comment a germé cette idée dans ce qui est encore un service public ? Première étape : on met la pression sur la durée de la tournée du facteur, ce qui coupe net tout lien social. Deuxième étape : on exige d'eux qu'ils fassent ce qu'ils faisaient déjà bénévolement, mais maintenant ce sera payant, via une filiale de La Poste.

En gros, ce que les facteurs faisaient naturellement devient payant. C'est comme s'ils nous demandaient un supplément pour paumer le courrier ! Depuis l'arrivée des e-mails, les facteurs sont devenus la deuxième catégorie de personnes dont on ne sait plus quoi faire, juste après les vieux. Donc, La Poste s'est dit : « Allez hop, on va faire d'une pierre deux coups ! »

Et pour les vieux qui ne peuvent pas se payer ce service, il reste une solution pour que le facteur passe une tête : envoyez une carte postale à mamie.

Passion vitres blindées

Un mur vitré entoure désormais la tour Eiffel. Au Moyen Âge, la tour servait à défendre. Aujourd'hui, c'est la tour qu'il faut protéger. C'est vous dire si notre civilisation est en progrès. D'ailleurs, ce mur d'enceinte est un message fort qu'on envoie aux terroristes : « Vous nous attaquez parce qu'on est libres ? Très bien, alors on va construire un mur ! » Mais ça passe, parce qu'il est transparent. Et c'est pour être bien protégés. Le seul risque qui subsiste, c'est quand le prince du Qatar va voir que la tour Eiffel est en vitrine : il va vouloir l'acheter. Et dans les magasins de souvenirs, est-ce qu'il va falloir remplacer toutes les tours Eiffel miniatures pour leur ajouter une mini-vitre autour ? Je voulais partager ces questions avec vous parce qu'on a trop peu souvent l'occasion de parler des apports du terrorisme à la décoration urbaine.

Il s'agit ici d'une très longue vitre de trois mètres de haut, coût total : 20 millions d'euros, juste pour enceindre la tour. J'espère pour Trump qu'il n'a pas pris le même prestataire pour son travail de maçonnerie avec le Mexique, sinon les États-Unis seront en faillite. 20 millions d'euros ! Je me demande si pour le même prix ce serait pas plus efficace de fournir directement un gilet pare-balles à chaque touriste dès son arrivée à Roissy. Paris paye son goût de la démesure ! À Bruxelles, s'il fallait faire pareil et protéger le Manneken-Pis, on s'en sortirait avec un vitrage à 400 balles.

En plus, s'il faut protéger chaque endroit où il y a beaucoup de monde et où les gens font la queue, il me semble que la priorité, c'est d'installer un mur vitré autour des agences Pôle emploi. De toute façon, avec les embouteillages dans Paris, je ne vois pas comment une bagnole peut s'enfuir. Le meilleur rempart au terrorisme, c'est Anne Hidalgo.

Les riverains de la tour Eiffel sont tout de même inquiets, plusieurs réunions ont été organisées dans ce quartier très huppé de la capitale. Les habitants ont posé cette question essentielle : « *Qui* va laver les vitres ? » (J'aurais aimé l'inventer, mais non, cette question a bien été posée.) Et le jour où il y aura un impact de la taille d'une pièce de deux euros, *qui* va s'occuper d'Olivier de chez Carglass qui sera en burn-out ? (Celle-là, c'est de moi.) Ces gens sont soucieux du standing de leur quartier. Quelqu'un a d'ailleurs proposé de creuser des douves autour de la tour Eiffel, mais ça n'a pas été retenu.

Esthétiquement, ce n'est pas un drame. Le problème, ce n'est pas la vitre, c'est l'enchevêtrement de tôle derrière. Enfin bref, c'est aussi ça l'état d'urgence permanent : c'est le vivre ensemble, mais une fois passés les portiques de sécurité.

La franchise aux Français

Le Louvre Abu Dhabi a été surnommé « le Louvre des sables ». Est-ce que c'est pas génial d'être prince d'un émirat ? Quand t'en as ras le keffieh de faire la queue devant la pyramide du Louvre à Paris, tu dis : « OK, les gars, ça suffit. On fait venir le Louvre chez nous et puis c'est réglé. » C'est possible depuis qu'on vit dans un monde où même les œuvres d'art occupent une résidence secondaire. À Abu Dhabi, il y a même un autoportrait de Van Gogh. Comme ça, quand un enfant verra la toile, il pourra demander à son papa : « Pourquoi est-ce qu'il a une oreille coupée, le monsieur ? Il a volé une pomme comme tonton Aziz ? » Le musée des sables abrite une très belle collection, choisie de façon assez stricte, parce que Claude Guéant a essayé de refourguer ses croûtes.

Dans les Émirats, les gens ont tellement d'argent qu'un jour ils risquent de nous racheter le manuscrit de la Déclaration des droits de l'homme juste pour faire un avion en papier avec. Heureusement, Abu Dhabi est aussi qualifié de « fiable » en ce qui concerne la lutte contre le terrorisme. Et c'est vrai qu'il y a eu plus de victimes dues au chantier du musée qu'aux attentats. Des mauvaises langues prétendent que les familles régnantes tirent davantage profit que nous de l'opération et que c'est une « façon d'acheter nos élites ». Comme si nos élites étaient à vendre !

Si la Corée du Nord avait du pétrole, j'imagine qu'on aurait ouvert un Louvre Pyongyang. Et quand je pense qu'en 2015, François Hollande inaugurait le Louvre-Lens, sans doute sous une pluie battante, alors que Jupiter, il est sous les sunlights du désert.

Puisqu'il existe désormais le Louvre Abu Dhabi et aussi la Sorbonne Abu Dhabi, si on exporte l'excellence culturelle française, la logique veut qu'à l'étape suivante on exporte un « Radio France Abu Dhabi ». La radio des sables... On leur loue cheik el-Dominique Seux, et puis Thomas Legrand, on lui met un torchon sur la tête, et Abu Thomas, il te torche un édito politique ! La radio du désert... J'ai montré les plans au prince de l'émirat, il a adoré le concept de Maison ronde. Mais quand on lui a expliqué qu'avant il devait entamer des négociations avec la CGT, j'ai perçu une hésitation dans son regard.

Et comme ils ont le pétrole, en cas de grève, pour la playlist France Inter ils veulent que du live. Mais on va s'adapter. On fera un « Jeu des 1 000 lingots » et ce sera plié. En revanche, côté humoristes d'Inter, étonnamment, ils n'ont pas l'air très intéressés. À l'exception d'*une* : Natacha Polony, parce qu'elle les fait beaucoup rire dans les débats animés par Ali Baddou. Ils sont acheteurs d'un package avec le présentateur de la tranche. Bonne chance, Ali Baddou Dhabi.

Filmer tue

La ministre de la Santé envisage de bannir la cigarette du grand écran, elle dit ne pas comprendre son importance dans le cinéma français. Alors ça, c'est épatant ! Parce qu'on s'est aperçu ces dernières années qu'il y avait pas mal de choses à interdire dans le milieu du cinéma… Mais la cigarette ? Est-ce vraiment une priorité ? Je rappelle que la plupart des gens ont beaucoup plus envie de fumer après une heure passée devant BFMTV qu'en sortant du dernier Tarantino.

Et le jour où un réalisateur voudra se lancer dans un biopic de Bob Marley, le voir couvert de patchs, à bouffer des Nicorette, je ne suis pas sûre que ça aidera la création cinématographique. Et si ça oblige les producteurs à faire des remakes validés par le ministère de la Santé, est-ce qu'on ira voir *Le Bon, la Brute et le Vegan*, un film « sans armes et sans gluten ». Et que dire de cette adaptation garantie sans fumée : *Truman Vapote* ? Vous croyez que Columbo aurait arrêté autant de criminels s'il avait dû s'emmerder à recharger régulièrement sa clope électronique avec du liquide goût vanille ?

Si cette interdiction voit le jour, le cinéma français va ressembler à une pub pour les saucisses Herta croisée avec une pub pour une assurance-vie : on va s'évader ! Parce que le cinéma doit aussi envoyer du rêve. Quand on voit le héros d'un film qui enchaîne clope sur clope et qu'on connaît le prix du paquet de cigarettes, on se dit : « Waouh, le cinéma français a encore des moyens ! » et là, ça permet de fantasmer. Et puis, pour une fois qu'on peut voir des fumeurs de près sans avoir à supporter la fumée et l'odeur dégueulasse, c'est dommage de se l'interdire. On sait tous encore faire la différence entre une fiction et la réalité, on sait bien que les acteurs ne font pas les mêmes choses que leurs personnages (à part Gérard Depardieu, qui fait bien pire). Alors quoi ? En France, on pourra encore montrer des actrices et des acteurs fumer… mais du saumon ou du jambon ? Et encore, uniquement dans les films où les héros ne mangent ni trop gras, ni trop salé, ni trop sucré.

Alors, est-ce que Mme la ministre remet en cause la cigarette au cinéma parce que c'est le « mois sans tabac » ? Dans ce cas on attend avec hâte le « mois sans dire de connerie », parce que ça va être dur de s'abstenir.

Moi, je dis que la cigarette fait partie du patrimoine du cinéma français, au même titre que le lifting. On ne peut pas séparer le personnage de son vice : Serge Gainsbourg et la clope, Georges Brassens et la pipe, Richard Ferrand et les Mutuelles de Bretagne.

Pour conclure, je pose cette question : est-ce qu'on ne devrait pas combattre les problèmes de notre réalité plutôt que ceux de nos personnages de fiction ?

Adieu, monde virtuel !

Ça y est, c'est décidé : je le quitte ! Je quitte Facebook. Je fais le grand saut et je me déconnecte, je supprime ma page. Il y a juste que je ne sais pas encore très bien comment l'annoncer à mon mur…

Et tant pis si je ne connaîtrai jamais l'évolution de la gastro du fils de Nadine, ma copine de CE2 que je n'ai pas vue depuis 89. Tant pis si ma belle-sœur finit par battre le record de Mireille à Candy Crush. Tant pis si je n'ai pas eu le temps de convaincre mon ancien voisin que cette photo qu'il a partagée où l'on voit des migrants qui roulent en Mercedes à Courchevel, c'est un *fake*. Je pars même avant d'avoir élucidé ce qu'est un « poke ».

On en a pourtant vécu de belles avec ma page Facebook ! Tous ces pouces levés, ces commentaires enflammés, ces gens bloqués, ces soirées organisées, ces élections ruinées. On peut dire qu'ensemble on a accompli de grandes choses ! Tu m'as surprise quand tu m'as appris que ma boulangère fan de Julio Iglesias était aussi scarifiée sur les fesses. Tu savais quand j'étais bourrée, comme ce samedi soir où j'ai liké un sketch des Chevaliers du Fiel. Oh, mon Facebook, tu lisais en moi comme dans un livre ouvert.

Et c'est bien ça le problème. Avec le temps, tu me surveillais de plus en plus. La goutte d'eau, je peux te le dire aujourd'hui, c'est cette fois où je suis sortie des toilettes et où j'ai reçu une notification de ta part pour me rappeler de racheter des tampons sans applicateur. Ce jour-là, j'ai compris que ça allait trop loin.

Alors ce soir, c'est l'écran moite et la souris serrée que je t'adresse ces quelques lignes. Je n'effacerai pas les souvenirs que nous avons ensemble, car je ne doute pas que de ton côté tu les garderas bien au chaud. Après tout, comme le dit le proverbe : « J'ai donné mes données, les reprendre c'est voler. »

Aujourd'hui en coupant Facebook, je n'ai pas peur de le dire, je me coupe du monde. Après tout, sur l'île de Sainte-Hélène, Napoléon n'avait pas de wifi. Le seul lien ténu qui me reste avec la société, c'est Twitter. Et Instagram aussi. Ou Snapchat.

Pourtant, on peut dire que ça fonctionnait plutôt bien entre nous : toi, tu regonflais mon ego et moi je regonflais ta base de statistiques ayant pour but de prendre le contrôle de la planète. On formait une belle équipe, et on était si heureux tous les deux. Mais je sentais bien de toute façon que je ne te suffisais plus : chaque fois que je voulais faire une activité, tu me proposais d'inviter tous mes amis. Alors que moi, je t'ai tout donné, *tout* ! Et toi ? Toi, tu as tout revendu !

Adieu, monde virtuel !

Vapoteuses, vapoteurs

Le vapotage au cannabis, appelé aussi l'« e-joint », est vendu légalement. Qu'est-ce que cela raconte de notre société ? Qu'on n'est absolument pas cohérents ! Depuis des mois il est interdit de vapoter dans les bureaux partagés, et on apprend qu'il est désormais autorisé de vapoter du cannabis ? Comment se fait-ce ? L'e-joint ne contient pas de THC, la molécule qui rend stone. La cigarette électronique qui fait rire ne contient que du CBD, qui n'a rien d'euphorisant mais qui a pour effet de vous rendre « détendu ». Alors relax, ne nous emballons pas. Et inspirons-nous de ce modèle pour créer le Ricard électronique, dans lequel on enlèverait la molécule qui rend con, et on garderait juste celle qui détend. Ce qui aurait permis à Renaud, au lieu de chanter « J'ai embrassé un flic », de chanter « J'ai embrassé un maître yogi ».

La possibilité d'injecter un peu de cannabis dans la cigarette électronique éclaircit un mystère. On est au bord de la guerre nucléaire entre les États-Unis et la Corée du Nord, et Bernard Guetta, qui vapote, est hyper détendu… L'arôme fraise-banane sans doute ?

Vous me direz : « On ne connaît pas exactement les effets à long terme de la molécule CBD. » Et je serai tentée de vous répondre : « On ne connaît pas non plus exactement les effets à long terme de la politique d'Emmanuel Macron. »

Le vapotage de cannabis rompt avec tout un rituel. Rouler un pétard, c'est les feuilles à coller, le filtre à poser, bref, une forme d'artisanat. Ici, les consommateurs ressemblent à des types en blouses blanches qui tirent sur des tubes à essai. On vit dans un monde où même notre détente est électronique. Et là je pose cette question : étant donné que la cigarette électronique, c'est de la clope sans fumée, est-ce que vapoter, c'est simuler ? Un truc pareil aurait foutu en l'air tout le courant surréaliste. Magritte peignant une vapoteuse : « Ceci n'est pas une cigarette. » Ben ouais, mon gars, t'as raison ! Tente ta chance dans une brocante.

Et la chanson de Deneuve et Gainsbourg ? « Dieu est un vapoteur de banane / Je sens ses volutes caramel-beurre salé… » C'est meilleur pour la santé mais culturellement on est très emmerdés, y compris avec le joint électronique.

Ça aura l'air de quoi les concerts de reggae, avec tous ces gens agglutinés autour des prises pour recharger leurs vapoteuses ? On perd le contact avec la nature, avec les plantes : l'e-joint se recharge à l'énergie nucléaire, le liquide est vendu dans une fiole en plastique, avec des arômes artificiels. C'est la porte ouverte à la cocaïne en suppositoire.

Napoléon et Obama

Décembre 2017, le Tout-Paris est en émoi parce que Barack Obama donne une conférence à l'initiative d'un réseau patronal baptisé « Les Napoleons », devant un parterre de *happy few*. C'est génial quand t'es un réseau de communicants, tu peux te payer une demi-heure avec un maître du monde comme si t'achetais une nouvelle paire de pompes. Il paraît même qu'il y a un catalogue pour ça, pour acheter « une heure avec Clinton » ou « une heure et demie avec Sarkozy ». C'est comme faire le tapin, mais très haut de gamme.

Obama s'est exprimé sur le thème de l'« innovation ». Un sujet moderne, tourné vers la créativité et l'avenir, à l'image du public présent dans la salle : Roselyne Bachelot, Jacques Séguéla, Jean-Pierre Elkabbach ou Jack Lang. Que des « *young leaders* » venus chercher l'inspiration pour dessiner un avenir à la France. Ils sont tous sortis subjugués (Obama aurait lu l'horoscope qu'ils auraient été subjugués). Mais à 400 000 boules de l'heure, l'ex-président s'est quand même fendu d'un petit discours, alors, il a libéré sa parole, et n'écoutant que son courage, il a lancé : « Il faut remplacer la peur par l'espoir »… Bam, bam, baaaam ! Punchline de ouf.

J'ai calculé : « Il faut remplacer la peur par l'espoir », ça fait huit mots. En gros, rien que cette phrase a coûté 5 400 euros. C'est génial, non ? Regardez la une du *JDD* le lendemain : « Ce qu'il a dit à Paris »… Mais il n'a rien dit du tout ! Rien qu'on ne savait déjà. Toute notre élite du business et du politico-médiatique se fait racketter en public, et elle est ravie. D'après la presse, le Tout-Paris est sorti enthousiaste, car Obama « n'a rien dit de spécial, certes, mais il est charismatique et très inspirant ». Et c'est vrai que ça doit être inspirant de savoir comment on dirige le monde pendant huit ans tout ça pour qu'à la fin, ce soit Trump qui gagne.

Après le discours, il y a eu une séance de questions/réponses menée par le patron d'Orange, Stéphane Richard. (Comme quoi, on peut avoir été mis en examen dans l'affaire Tapie et avoir l'honneur ~~d'acheter~~ d'échanger avec Obama.) Si je résume : le patron d'Orange fait la promo des Napoleons qui font la promo d'Obama qui fait lui-même la promo des Napoleons qui font la promo du patron d'Orange. Samedi, c'était le salon du lobby. Et où ça ? À la Maison de la radio ! Nous on s'en fout, on leur a loué l'auditorium, on les a bien fait raquer, les Napoleons.

François Hollande aussi se lance dans les conférences. On ne sait pas encore sur quel thème, mais ça m'étonnerait que ce soit sur le chômage. C'est fou parce que les présidents, quand ils sont aux manettes, ils galèrent toujours pour trouver du blé, mais dès qu'ils sont à la retraite, il n'y a plus qu'à se baisser pour ramasser. Vous voyez, là, par exemple, je viens de me payer deux minutes Barack Obama. Et de façon totalement gratuite.

Le réfugié

Chère maman, cher papa, je suis arrivé sain et sauf en France et vous vous demandez sans doute si j'ai trouvé un toit. Pas encore, mais il y a trois jours, j'ai trouvé une couverture. Enfin... j'avais trouvé une couverture, parce qu'hier, la police me l'a arrachée. Des gens me disent que c'est normal, eux aussi ils ont très peur pour leur couverture sociale.

Mais aujourd'hui, je suis content, parce que j'ai enfin trouvé le moyen de prendre une douche, grâce au nouveau dispositif anti-SDF installé à l'entrée d'un parking, qui arrose les squatteurs repérés par un capteur. Pourtant, des Français disent souvent qu'ils préfèrent s'occuper en priorité de leurs SDF. C'est étrange, parce qu'ils mettent aussi des piques sur les bancs, pour empêcher qu'ils s'installent. Les gens ici sont bizarres. Par exemple, la semaine dernière, le pays entier pleurait la mort d'un chanteur nommé « Johnny » et aujourd'hui, tout le monde va mieux parce qu'il y a un film qui sort au cinéma avec des robots dans l'espace, *Star Wars*. Ils passent d'un truc à l'autre en un claquement de doigts !

De toute façon, apparemment, je ne vais pas pouvoir

rester. Un jury va passer dans les centres d'hébergement d'urgence pour décider lesquels d'entre nous ont le bon profil. C'est un peu comme un casting dans la « Nouvelle Star », mais sans André Manoukian. Ah mince, c'est vrai, vous ne connaissez pas Manoukian... C'est un gars comme moi, un réfugié, mais qui a réussi.

Sinon, on a un peu de mal à trouver de la nourriture, mais on n'est pas les seuls : en France, même une députée qui a abandonné son boulot dans le privé pour entrer à l'Assemblée a déclaré qu'elle allait devoir manger des nouilles vu sa perte de salaire. Pourtant, les gens sont très organisés, chacun a sa tâche : les uns nous donnent des tentes, tandis que les autres les lacèrent au couteau. C'est un pays un peu rude mais moi, j'ai eu une idée... J'essaie de me procurer un déguisement de panda : au moins eux, on leur fout la paix.

J'ai entendu dire que pourtant, des belles maisons vides, il y en a plein en France. Mais elles sont réservées pour les riches que Macron va faire revenir dans le pays. En ce moment, comme il commence à faire très froid, il faut que je trouve un centre d'hébergement, même si j'arrive rarement à trouver le sommeil... Je me console en me disant que le président français ne dort pas beaucoup non plus, il l'a dit dimanche à la télé.

Voilà, je dois vous laisser, c'est l'heure du repas. Il ne faut pas que je le loupe, sinon la prochaine tournée c'est dans soixante-douze heures. Je n'aurais jamais pensé que la liberté avait cette odeur de gaz lacrymogène ! On s'en fait tout un monde, mais finalement, ça pique les yeux, la démocratie.

Les influenceurs

Salut, salut ! Ouais, je vous explique : je poste une photo, elle devient virale. Moi, quand j'ai un sac à dos, tout le monde veut le même ; on m'offre un jean, tout le monde le veut, c'est viral. Pour vous dire, la semaine dernière, j'ai eu la grippe, aujourd'hui tout le collège est touché ! Sur Instagram, je pèse 350 k, mon pote ! Je traduis pour ceux qui seraient restés bloqués en 92 : je cumule 350 000 followers. Du coup, j'intéresse les marques. Eh ouais, dans la vie, il y a les influenceurs et ceux qui se font influencer.

J'entends d'ici vos sarcasmes de vieux ringards… Mais attendez, ça fait des années que vous promettez des postes pour les jeunes et on ne les voit jamais arriver, alors ne venez pas vous plaindre quand on crée nos métiers, OK ? La jeunesse évolue. Vous pensiez quand même pas qu'on allait se laisser abrutir comme vous avec le « Club Dorothée » ? C'est simple, si aujourd'hui à treize ans t'as pas ta chaîne YouTube à 10 k abonnés, t'as raté ton adolescence.

Et mes parents, ils me font de la peine. Parfois, ils me disent qu'ils vont me priver d'argent de poche. Mais attendez, les ieuvs, vous savez pas que dans deux ans j'aurai amassé plus de bitcoins que vous deux réunis pendant toute votre vie ? Mon père, quand il a réussi à envoyer une photo par SMS, on aurait dit qu'il avait hacké le réseau de la CIA tellement il était fier.

Tu m'étonnes qu'ils ne comprennent pas. À mon âge, ma mère jouait encore à l'élastique. Alors que moi je crée du contenu, je déclenche du like, je followe, je dope mes vues, je capitalise les retweets, je masque, je bloque, je fidélise. Et parfois, il m'arrive même de faire mes devoirs. J'aimerais bien écrire un livre aussi. Mais avec quelqu'un qui m'aide pour tout ce qui est partie avec des mots. Moi je gère l'image, c'est hyper important, j'ai pas envie d'être un bolos aux pieds d'argile.

Influenceur, c'est que des avantages : on nous envoie plein de cadeaux de grandes marques, on rentre partout gratos, on dîne sans payer, etc. Sauf hier, où on déjeunait au snack avec Jimmy75 et Tim_Gaming… Je commande une salade, je la prends en photo, je la poste sur Instagram (la life, quoi, *as usual*). Et là, le type du snack me demande de payer ma salade. Comment j'étais choquée ! Je lui ai dit : « Hey, mec, tu sais à qui tu causes, là ? Tu causes à JessiKagirlFrom-Paris75, ça te dit un truc, ça ? Ta salade vient de faire le tour de la planète, je viens d'en faire une star de tes trois feuilles vertes, OK ? Si ça se trouve, y a Kim Kardashian qui est en train de se demander comment venir dans ton snack pourri, alors t'es sympa et tu vas me chercher un lait grenadine et fissa, OK ? »

Bon, j'influence, j'influence, c'est crevant… Je vous laisse, mon Uber est arrivé, je dois aller à un lancement de bougies parfumées.

Un avenir radié

Le système de contrôle des chômeurs s'est vite précisé, notamment avec l'offre d'emploi « raisonnable », qui oblige le demandeur à accepter la deuxième offre, sous peine de radiation. Alors, qu'est-ce qu'une offre d'emploi raisonnable ? Les critères sont définis par le chômeur et son conseiller Pôle emploi : nature du poste, distance, salaire. Exemple : Jean-Claude, titulaire d'un master en histoire de l'art et auquel on propose un emploi dans un parc à huîtres à 120 bornes de chez lui. Est-ce un emploi raisonnable ? Eh bien oui, si on compare à Gérard, qui est très souple sur ses critères. Gérard était maire de Lyon, il a quitté sa famille socialiste pour aller habiter Paris, dans une famille de droite, en acceptant un poste qui n'était pas en lien direct avec ses compétences, au ministère de l'Intérieur. Il a considéré que c'était raisonnable. Vous le voyez, ce pays peut s'en sortir, mais il a besoin que les chômeurs soient raisonnables (et ça, ça commence par arrêter de regarder les jeux toute la matinée à la télévision).

En gros ce qui change, c'est que désormais, Pôle emploi s'intéresse de plus près au profil du chômeur, car à défaut de lui trouver un travail qui lui correspond, on peut désormais lui offrir une période de chômage personnalisée.

La ministre du Travail l'a dit : « Il n'y a qu'une minorité qui profite du système et ça crée un sentiment de suspicion qui pèse sur tous les autres. » C'est vrai que ce serait dommage que ça fasse comme au gouvernement où il y a un climat de suspicion sur tout le monde alors que seule une minorité a profité de la réforme de l'ISF.

Alors rien de mieux que des contrôles pour remotiver les troupes ! Et si ça ne marche pas, comme on dit au Medef : « Il restera toujours le fouet ! » Tiens, à propos de Medef, est-ce qu'on pourrait aussi contrôler le type qui voulait créer un million d'emplois ? Parce que je crois que là, on peut considérer qu'il n'est pas en « recherche active »... Il faut prouver qu'on est dans une dynamique de recherche. Elle sera désormais consignée dans un « carnet de bord », une sorte de carnet de correspondance du chômeur. Mon conseil, pour le rédiger : faites comme les politiques, écrivez que vous êtes « au travail sur les dossiers », que vous « menez une mission de réflexion sur le sujet » et que « toutes les options sont sur la table ». Si vous sortez boire l'apéro, prenez toujours une pile de dossiers sous le bras en cas de contrôle sauvage. Sinon, il existe une technique pour remplir son carnet de bord de chômeur : un copier-coller du blog de Jean-Vincent Placé (c'est une petite astuce pour un grand gain de temps).

Si toutefois vous refusez d'être raisonnable, ne dites plus « Je me suis fait radier de Pôle emploi », mais plutôt : « J'ai enfin la liberté de choisir mon avenir professionnel. » Le chômeur que vous êtes se verra enfin offrir un avenir radié.

L'e-sortie scolaire

Au journal de 20 heures de France 2, caméra cachée à l'appui, on apprend que des instituteurs ont emmené leurs élèves en sortie scolaire dans un magasin Apple. Avant que cette brillante idée ne fasse long feu à cause du tollé provoqué, la marque à la pomme proposait en effet des « visites pédagogiques » de ses magasins à quelques dizaines d'élèves.

J'ai alors eu une pensée pour leurs parents qui se disaient : « Au moins, quand mes enfants sont à l'école, ils sont pas devant leur tablette ! » C'était compter sans leur professeur : « Les enfants, n'oubliez pas que demain, c'est notre sortie scolaire chez Apple : dites à vos parents de ne pas préparer le déjeuner, parce qu'après, on ira tous au McDo ! »

On apprend tellement de choses pendant les sorties scolaires. Précisément, là, on apprend que Jésus ne s'appelait pas Jésus, mais Steve Jobs. Et qu'il ne venait pas de Nazareth, mais de San Francisco. Apple précise sur son site que cette sortie sera « une journée qu'ils n'oublieront jamais ». Tu m'étonnes, on va te bourrer le disque dur, oui !

« Alors, les enfants, en mars, on est allés chez Apple pour

apprendre à programmer. En avril, on a fait un atelier bricolage chez Leroy Merlin. En mai, nous ferons une sortie au Starbucks pour nous initier au goût et, en juin, on ira regarder les télés chez Darty parce qu'il ne faut pas perdre de vue qu'il y a de grandes chances pour que vous finissiez au chômage ! »

Vous croyez vraiment qu'on va préparer l'avenir en faisant visiter des musées à nos enfants ? Bonjour les ringards ! Pourquoi aller au Louvre pour voir la Joconde alors qu'on peut l'afficher sur l'iPad géant de l'Apple Store ? Ils ont même une application pour remettre les bras à la Vénus de Milo.

Je vous entends râler, les réacs. Vous voulez quoi ? Qu'on en revienne aux bouliers compteurs ? Pardon, mais je crois qu'on est une start-up nation maintenant, alors on n'attrape pas les mouches avec une tapette, désolée. Le président nous a prévenus : il faut « changer le logiciel de la France ». Il avait peut-être oublié de préciser que ce logiciel viendrait de Californie. Et puis c'est déjà un avant-goût de voyage scolaire que d'emmener les gosses en sortie dans une marque qui pratique l'exil fiscal. Et si vous éprouvez le besoin d'équilibrer cette sortie chez Apple, parce que vous sentez bien qu'elle a des visées commerciales, vous pouvez toujours rattraper le coup en organisant une visite chez Samsung.

On fera moins les malins quand les sorties scolaires seront encadrées par des drones.

Pôle chômage

Toute une carrière passée à Pôle emploi, tout ça pour finir chômeuse ? C'est là que je me suis dit, Mireille, t'as été inspirée de ne pas faire boucherie. En gros, on va fermer des postes parce qu'on a trop bien fait notre boulot. J'ose à peine imaginer la situation des cheminots si les trains arrivaient à l'heure…

Avant, j'avais du travail grâce aux chômeurs et aujourd'hui je risque le chômage à cause des travailleurs. J'ai l'impression d'être François Hollande ! Et puis, admettons que je sois virée de mon poste de conseillère Pôle emploi, quel type de formation va-t-on pouvoir me proposer ? Vous savez ce que c'est que de chercher du boulot, vous ? Moi je le sais, je suis aux premières loges ! Tous ces gens qui font des heures de queue pour apprendre qu'il leur manque un document, j'en vois tous les jours : tous ces jobs qu'on leur propose, qui ne correspondent pas à leurs attentes et qu'ils sont obligés de prendre quand même. Le cauchemar. Mais jusque-là, c'était pour les autres.

Maintenant, je regarde la chaise plantée de l'autre côté de

mon bureau en me demandant : « Qui sera mon conseiller si mon poste n'est pas remplacé ? Je dois me conseiller moi-même, c'est ça ? » Remarquez, au niveau des disponibilités, c'est pratique : si je suis libre comme chômeuse, il se trouve que je suis aussi libre pour me conseiller.

Depuis que je suis au courant pour les suppressions de postes, je n'aborde plus mon travail de la même manière. Déjà, toutes les annonces intéressantes, je ne les donne plus, je les garde pour moi ! Si ça se trouve, dans même pas deux mois j'en aurai besoin. Et puis quand je suis en rendez-vous avec un demandeur d'emploi, c'est donnant-donnant. Je le conseille sur le monde du travail, OK, mais lui doit me filer des tuyaux sur le monde du chômage : tout ce qu'il y a à savoir, quoi, les marques de pâtes les moins chères, les meilleurs téléfilms de l'après-midi, etc. C'est une stratégie win-win.

Tout ce qu'il me reste comme espoir à l'heure actuelle, c'est un nouveau krach boursier. Alors, tous les soirs dans mon lit, je fais une petite prière à Goldman Sachs, suppliant le dieu des subprimes de nous offrir un avenir meilleur. On vit dans une société tellement concurrentielle que Pôle emploi va bientôt devoir produire ses propres chômeurs.

C’est qui, ce Zuckerberg ?

Le fondateur de Facebook, Mark Zuckerberg, a été convoqué au printemps 2018 par le Congrès américain, puis auditionné par le Parlement européen. Il a dû s’expliquer sur la légèreté avec laquelle le réseau évente nos données personnelles.

Ce tour du monde de la contrition revient à lui faire recopier en cinquante-trois langues la phrase « Je ne le referai plus… du moins plus pareil ». Et c’est amusant de le voir se déplacer jusqu’à Bruxelles, lui, l’inventeur d’un réseau social, alors qu’il lui suffisait de livrer ses excuses en streaming via Facebook Live, et nous aurions pu disliker, pouce en bas, d’un clic dédaigneux.

Zuckerberg devant la représentation européenne, on aurait dit un vilain garnement qui a cassé une vitre. Sauf que c’est la vitre qui donne sur notre chambre. Le jeune milliardaire était dans ses petits souliers et c’est bien normal : il n’y a pas si longtemps, il était invité dans les soirées d’Hollywood et aujourd’hui, il se fait engueuler devant le monde entier par Guy Verhofstadt, eurodéputé belge. Et à ce moment-là, il se dit quoi, Zuckerberg, en son for intérieur ? Il se dit : « C'est qui, ce type ? »

Mark Zuckerberg n'en a rien à faire qu'on l'accable. D'ailleurs, pendant que son interlocuteur lui parle, on sent bien dans son regard vide qu'il est en train de calculer le nombre de secondes qu'il lui faut pour gagner le salaire annuel du député qui est en train de le pourrir. On ne peut pas espérer faire changer le P-DG de Facebook : autant demander à François Fillon qu'il rende l'argent.

C'est pour ça qu'il a mis un terme à son audition devant le Parlement : le temps imparti a été dépassé de quinze minutes. Et vous savez combien ça gagne, un Zuckerberg, en quinze minutes ? Alors il a promis aux eurodéputés qu'il continuerait de leur répondre par Messenger (smiley mort de rire). Il y avait notamment une question sur les profils fantômes, à laquelle il n'a pas pu répondre. Quand tu penses que pour ça, les Tiberi n'ont pas attendu Internet !

Ensuite, Zuckerberg s'est rendu à l'Élysée, mais pas pour s'excuser. C'est juste que Macron lui a demandé s'il pouvait lui démerder son affaire de logiciel Parcoursup.

Alors que dans le fond, la question essentielle, c'est : « Pourquoi miser sur l'intelligence artificielle alors qu'on possède déjà des gisements infinis de connerie naturelle ? »

Le cinéma en short

Quand Canal+ perd les droits de diffusion de la Ligue 1, c'est tout le cinéma français qui perd son principal guichet de financement. En gros, le cinéma perd de l'argent parce que la télévision ne peut plus diffuser le foot. La façon dont le système français fonctionne n'a pas fini de nous filer la migraine, puisque selon la logique qui est à l'œuvre, Arnaud Desplechin a besoin de Kylian Mbappé pour monter un film.

Donc vous imaginez bien, ce matin de mai 2018, quand Catherine Deneuve a allumé la radio, elle s'est dit : « OH PUTAIN, ON A PERDU LES DROITS DE LA LIGUE 1 ! » Là-dessus, elle appelle immédiatement André Téchiné, qui lui répond : « Mais j'ai vu, Catherine, j'ai vu ! Je suis abonné à *L'Équipe* ! » On parle de la Ligue 1, les gars, c'est-à-dire que Jacques Audiard, Isabelle Adjani et Céline Sciamma sont en panique à cause de la perte de la diffusion d'un Strasbourg-Dijon. Le Festival de Cannes, c'est fini, vous pouvez dérouler le tapis rouge à Bagnères-de-Luchon.

Le foot et le cinéma, deux mondes que tout oppose,

pourtant réunis par la question de l'argent. Autrement dit, il faut que des hommes courent en short derrière un ballon pour que puisse sortir un film parlant d'une femme qui boit une tisane derrière une fenêtre battue par la pluie...

Il est nécessaire de trouver d'autres sources de financement. Ici, la logique voudrait que les producteurs de cinéma se tournent directement vers les joueurs de foot. Avec un mois de salaire de Neymar, t'as assez pour produire les deux suites d'*Avatar*.

Quand on pense que tout le cinéma français était jusqu'ici inféodé à Bolloré... Combien d'acteurs et de réalisateurs, si engagés sur les sujets sociaux, ont serré la mâchoire à s'en faire péter l'émail des dents pour éviter de critiquer leur grand argentier ? Combien ont eu les couilles de l'ouvrir au moment de défendre le journalisme d'investigation et la liberté d'expression ? Ça y est, les gars, vous allez pouvoir vous lâcher ! Faites un biopic sur Bolloré ! Encore mieux : Bolloré en Afrique.

La perte des droits du foot entraîne dans sa chute le financement du cinéma français et avec elle toute la corporation de la chirurgie esthétique. Canal avait postulé pour plusieurs lots de diffusion des matchs et il n'en a obtenu aucun : un peu comme un étudiant de Parcoursup. Après... trente ans à garder le ballon sans faire de passe, c'était du haut niveau.

À l'annonce de la perte des droits de la Ligue 1 par Canal+, Michel Denisot a évoqué un « pincement au cœur » et Charles Biétry a pleuré pendant deux minutes. Bref, à ceux qui se demandent encore où est passé l'esprit Canal : il est sur le banc de touche.

OK Goebbels

Les enceintes connectées sont apparues en France au printemps 2018. Elles obéissent à toute commande vocale, mais en échange de leur docilité, elles récupèrent nos données. Au temps de la guerre froide, on prenait la peine de dissimuler les micros dans les pots de fleurs. Aujourd'hui, on les pose fièrement sur la table du salon. La France a effectué les premiers tests en 2010, la première enceinte connectée a été installée à l'Élysée sous Sarkozy : elle s'appelait Patrick Buisson. À présent, imaginons que Google Home ait existé pendant la guerre. Que se serait-il passé si l'enceinte connectée était apparue dans le Paris occupé ? Déjà, en 43, on n'aurait pas dit « OK Google », mais « OK Goebbels ». Testons le dispositif :

— OK Goebbels : y a-t-il des Juifs près de chez moi ?

— Oui, M. Rosenberg est caché sous le lit, aurait répondu l'enceinte de sa voix métallique.

— OK. Merci, Goebbels.

— Mme Levy se planque dans le placard de la cuisine.

— Non, mais merci, Goebbels, t'emballe pas, c'était juste un test…

— Les enfants Cohen sont à la cave…

Ouh là là, stop ! Vous le constatez, c'est un mouchard : Google récupère nos données. Alors quand j'entends dire « Mais t'as vu, l'enceinte connectée, c'est super beau comme design », ça me fait penser à ceux qui disaient : « Vise un peu la coupe de l'uniforme SS ! »

Et aujourd'hui, quand le petit gauchiste demande naïvement : « OK Google, je voudrais aider une famille de migrants », le lendemain matin y a le préfet de police qui débarque dans son salon !

Bien sûr, les enceintes nous aident à effectuer ces tâches du quotidien qu'on déteste : « OK Google, commande les courses », « OK Google, ouvre les volets », « OK Google, fais un plan de licenciement de trois mille personnes », « OK Google, c'est quoi le code de l'arme nucléaire, déjà ? ». Quant aux questions des enfants : « OK Google, comment on fait les bébés ? »

J'aimerais tellement en avoir une juste pour pouvoir lui dire : « OK Google, tu sais quoi ? FERME-LA ! »

Véhicules partagés

Paris a fini par débrancher les Autolib' et par ouvrir les Vélib' à la concurrence. Il paraît que l'état des autos et des vélos était déplorable. Les Parisiens n'ont pas su en prendre soin. Donc, désormais, ils rouleront sur une trottinette. Voilà comment on punit le manque de civisme : par l'humiliation.

Quand on était enfants, on nous faisait miroiter qu'en l'an 2000 on roulerait en voiture volante, et on se retrouve avec des patinettes. À un moment, c'est qu'on l'a mérité. Ceux qui se foutaient de la gueule de Christiane Taubira arrivant au ministère à vélo feront moins les malins quand ils verront un député LREM entrer à trottinette à l'Assemblée.

C'était pourtant pratique, ces Autolib'. Pour le logement à Paris notamment : les voitures étaient bien plus spacieuses que la plupart des chambres à louer de la capitale. L'inconvénient de la bagnole en libre-service, c'est qu'on ne savait jamais ce qu'on allait trouver à l'intérieur : préservatifs usagés, seringues, vieux exemplaires de *Valeurs actuelles*. Ou pire : Jean-Vincent Placé en fin de soirée !

Moi, j'aimais bien mener ma petite enquête pour savoir

qui avait utilisé le véhicule juste avant moi : « Vu l'état du volant, il doit aimer les friandises. Et il est certainement de droite : il écoutait RMC à fond, et… tiens, mes bras sont trop courts pour attraper le volant… d'après le réglage du siège… Oh mon Dieu ! Je crois que je suis dans l'Autolib' utilisée par Gérard Larcher ! » C'est vrai que c'est important la propreté dans les Autolib'. On ne loue pas une voiture si c'est pour avoir l'impression d'être dans le métro. Mais voilà, elles ont été débranchées fin juillet 2018. Après tout, on a tous survécu à la disparition du Minitel…

Le propriétaire des véhicules en libre partage, le groupe Bolloré, a annoncé 300 millions d'euros de déficit. Le fiasco total. À l'époque, on aurait eu hâte de voir le sketch que les Guignols auraient fait sur le sujet, mais ils ont été débranchés avant les Autolib'.

Ce concept d'auto partagée partait pourtant d'une bonne intention. Mais le problème c'est pas l'auto, c'est le partage. Pareil pour le vélo. La seule station qui reste bien fournie en Vélib', c'est celle qui est située au fond du canal Saint-Martin.

Du côté de l'Hôtel de Ville, ce ne serait pas la première fois qu'un maire ne tient pas ses promesses. Si Chirac avait tenu les siennes, aujourd'hui les Parisiens iraient travailler en coupant par la Seine à la nage.

C'est le paradoxe quand on met à disposition sur l'espace public un bien qui appartient à la fois à tout le monde et à personne : tout le monde est là pour le dégrader, mais y a personne pour en prendre soin.

Rends l'argent, Ryanair !

La compagnie aérienne Ryanair a été condamnée pour avoir voulu facturer le bagage en cabine. Rends l'argent, Ryanair ! La compagnie irlandaise remporte la palme du cynisme. Savez-vous quand toute cette histoire de low cost est partie en sucette ? Le jour où les pauvres ont commencé à vouloir prendre l'avion.

Quand tu as peu de moyens, Ryanair t'offre l'opportunité de voyager. Et dès que tu y prends goût, paf, il te fait payer de nouveaux suppléments : le bagage à main, en cabine, 6 euros. Imaginez un étudiant qui a déjà 5 euros d'APL en moins et qui devra dépenser 6 euros de plus pour voyager avec sa petite valise. Une chance que les pauvres s'habillent en tee-shirts et qu'ils ne trimbalent pas des costumes.

Si toutes les entreprises low cost faisaient comme Ryanair, en faisant nos courses chez Lidl, OK, on paie les produits pas cher, mais on louerait le Caddie 5 euros la demi-heure. Facturer le bagage à main, c'est comme si Uber se mettait à facturer les bonbons. Chez Ryanair, l'idée de faire payer les toilettes à bord étant déjà bien avancée, je propose donc d'aller plus loin et de peser chaque passager avant d'embarquer à bord de l'avion.

— Dis donc, Aurélie, t'aurais pas un peu maigri ?

— Oui, mais pas assez. D'ici trois semaines je dois passer sous la barre des 60 kilos, sinon je n'entrerai jamais dans mon avion pour Lisbonne.

Ryanair, c'est comme le jean slim : tu achètes le billet en disant « Dans un mois ça va passer », et puis finalement ça déborde.

Ensuite de quoi, ce sera le supplément pour accéder à la passerelle, et : « En cas de dépressurisation, saisissez le masque à oxygène, disponible pour 5 euros dans les distributeurs automatiques situés à l'arrière de l'appareil. » Et en partant, n'oubliez pas le pilote ! Le pourboire. C'est absurde de payer correctement les pilotes de Ryanair : on va quand même pas demander à des gens riches de transporter des gens pauvres ! Non, Ryanair, c'est le H&M de l'aviation : ce sont des salariés exploités qui travaillent pour des clients exploités. La preuve, l'entreprise a qualifié les arrêts de travail de « grève inutile » : tellement inutile que la compagnie n'a pas remboursé les billets. Il fallait y penser : faire raquer les clients pour ne pas avoir à assumer le coût d'une grève.

Cela dit, on peut comprendre qu'un type qui dirige une compagnie aérienne se croie au-dessus des lois terrestres.

Accord, pas d'accord

Le participe passé employé avec « avoir » s'accorde quand le complément d'objet direct est placé devant le verbe. Quand le COD est placé derrière, le participe ne s'accorde pas. Ça prend des plombes à apprendre aux gamins, et tout ça pourquoi ? Parce que les moines copistes étaient des feignasses et qu'ils ne revenaient pas en arrière pour accorder « avoir ». Alors, des linguistes belges proposent de simplifier la règle. Oh ça va, ne faites pas vos Gaulois réfractaires ! Vous avez bien simplifié le Code du travail, les retraites et l'assurance chômage, alors vous pouvez simplifier la grammaire.

La langue française est tellement compliquée que c'est à se demander comment Pasteur a réussi à se dégager du temps pour trouver un vaccin. Vous savez que nous, les Belges, on aime la simplicité. Et si vous ne me croyez pas, vous n'avez qu'à épeler mon nom de famille à haute voix.

Je vois bien que ça ne vous plaît pas, qu'on touche au participe passé, j'ai d'ailleurs lu quelques exemples très subjectifs dans la presse : « Les frites que j'ai mang*é* »… « La Coupe du monde qu'ils ont perd*u* » (très bas, celui-là !). Mais les amis, si on n'accorde plus le participe, on gagne de la place! Pardon, mais en Belgique, on ne publie pas toujours des romans. Nous on fait de la BD, il faut que ça rentre dans les bulles.

Ensuite, nous utilisons la langue française beaucoup plus souvent que vous. Depuis que vous « upgradez le process en BtoB », on a bien compris que le français était devenu ringard. Donc, laissez-nous nous occuper de la langue de Simenon et inventez de nouvelles règles compliquées pour votre nouveau dialecte de technocrates. C'est bien d'avoir gagné la Coupe du monde mais pendant que vous jouez à la baballe, heureusement qu'il y a des Belges pour s'intéresser aux évolutions de la langue. Et en particulier au verbe « avoir », puisque aujourd'hui « avoir » est plus important qu'« être ».

Il suffisait de proposer de changer la règle… Vous voyez que ce n'était pas compliqué d'envoyer Zemmour, Polony et Finkielkraut en réanimation dès la rentrée? Natacha Polony, qui dirige l'hebdomadaire *Marianne*! Vous l'avez, la couverture du prochain numéro? « Ces Belges qui salissent la langue française », « Ces Wallons qui nous gouvernent » ou encore « Nique ta grammaire! ». Avec un dossier spécial sur la langue du peuple français que la machine bruxelloise veut broyer… ÉLISABETH LÉVY, FAIS QUELQUE CHOSE!

HospiTop

« Les patients vont pouvoir noter les hôpitaux », a annoncé la ministre de la Santé en septembre 2018. Agnès Buzyn propose que le patient évalue les soins qu'il a reçus. C'est bien de savoir dans quel hôpital on peut trouver de bonnes infirmières : celles qui parviennent à poser un cathéter sans faire mal, alors qu'elles n'ont pas dormi depuis trente-six heures. Si on vit dans la société des premiers de cordée, on peut aussi fonder une société des premiers de la classe.

J'espère que ce sera comme sur TripAdvisor, et qu'à côté de la note, on pourra laisser un commentaire : « Accueil glacial aux urgences. J'ai attendu deux heures pour que mon entorse soit enfin prise en charge, sous prétexte que le personnel était débordé à cause d'un accident de car scolaire. Réactivité zéro. À éviter. »

Les gens qui vont s'empresser de donner ces notes seront à coup sûr les mêmes qui s'expriment sur les réseaux sociaux. Est-ce qu'on veut vraiment donner du pouvoir à ces gens-là ? Parce qu'après, il ne faudra pas s'étonner de lire des avis du type : « Mon opération du pancréas s'est bien déroulée.

Le médecin m'a sauvé la vie. Dommage qu'il soit noir. Ma note : 2/10. » Ou encore : « Franchement chanmé losto. Juste ke cé gross biatch d'infirmières elles font trop leur resta. Allez, j'mé 2 étoiles, y avait Netflix dans la chambre. MDR. »

Alors imaginons un instant qu'on puisse noter les présidents de la République : la tronche de Macron s'il avait une moins bonne note que celle de Hollande ! Et si on faisait pareil pour les pompiers ? Parce que c'est bien beau d'éteindre les incendies, mais il faut voir le bordel qu'ils laissent derrière eux, les mecs ! Tu ne reconnais plus ton appart, y a de la mousse partout !

Pour noter les hôpitaux, j'ai pensé à une appli : « Hospi-Top, le top des hôpitaux ! » C'est pratique pour une femme sur le point d'accoucher : elle se trouve dans la bagnole, avec son mari au volant et :

— Stop ! Fais demi-tour ! Y a Pimpin75 qui vient de poster un commentaire sur la maternité de la Salpêtrière ! Le pain n'est pas frais du jour et la clim dans le hall ne fonctionne pas. Deux étoiles de moyenne ! L'hôpital du Collier-Vert c'est quatre étoiles.

— Chérie, c'est à quarante bornes, le Collier-Vert !

— Oui, mais ils ont plus de quatre cents avis certifiés positifs sur la propreté des draps ! Ils sont bistouri de platine !

(Penser à mettre régulièrement cette appli à jour en raison des nombreuses maternités qui ferment.)

Conséquence prévisible de la notation des hôpitaux, les chirurgiens vont en faire des caisses pour qu'on leur mette de bonnes notes : « Oui, votre opération de l'appendicite s'est bien déroulée et j'en ai d'ailleurs profité pour vous greffer un nouveau foie. Ne vous inquiétez pas, c'est moi qui régale. C'est un petit geste commercial. Et n'oubliez pas ma petite note sur HospiTop ! »

La ministre de la Santé a jugé utile de préciser que « cette note sera rendue publique ». Ce sera donc bien le dernier truc qui sera public à l'hôpital. Bientôt, les pauvres seront obligés de vendre un rein pour pouvoir opérer l'autre.

Autodélocalisation

Pôle emploi propose aux chômeurs de trouver un emploi qualifié en République tchèque. Un accord avec l'ambassade de France débouche sur ce dispositif baptisé « Tchèque emploi » (brillant, n'est-ce pas ?). J'ai le slogan qui va avec : « Amis tchèques, vous aimez nos vins et nos fromages, mais attendez un peu d'avoir goûté à nos chômeurs ! » J'ai mis la main sur la lettre du premier candidat arrivé sur place, Kevin, vingt-cinq ans :

« Chère maman, cher papa, je vous écris pour vous dire que je suis en bonne santé et que je mange bien : ici aussi, ils ont des McDo et des livreurs de pizzas. Je ne regrette pas mon choix. À défaut de devenir autoentrepreneur en France, je me suis autodélocalisé à l'est. Toutefois, j'aurais dû éviter de partir en trottinette électrique : j'ai mis soixante-douze heures pour arriver en République tchèque. Si j'avais pris un car Macron, avec changement à Cologne pour emprunter un car Merkel, le trajet n'aurait duré que dix-huit heures. J'ai donc eu le temps de me faire à l'idée que la France, quand tu es chômeur, si tu l'aimes, tu la quittes.

« Je suis parti pile le jour où le président de la République a dit à tout le monde qu'il y avait du travail partout en France et qu'il suffisait de traverser la rue pour en trouver. Elle est quand même large, la rue, quand tu pars chercher du boulot en Tchéquie. Sans doute a-t-il voulu dire qu'il suffisait de traverser la Ruhr, le bassin industriel allemand, pour trouver du boulot ? En revanche, je me dois de vous prévenir, ici non plus ils ne cherchent pas beaucoup d'horticulteurs.

« Moi, c'est quand j'ai vu que Manuel Valls cherchait lui aussi un job à l'étranger que je me suis lancé. C'est un peu bizarre de se sentir soudain dans la peau d'un migrant économique, surtout quand tu es si bien accueilli. Mais quand j'ai un peu le mal du pays, je regarde sur Internet des replays de "Motus" ou du "Téléachat" pour me remémorer la France.

« Ici, le salaire moyen tourne autour de 1 200 euros. Même pas un Smic, mais comme la vie est 40 % moins chère qu'en France, elle est donc 80 % moins chère qu'à Paris : je me sens carrément moins pauvre, et c'est cool. Avec mes 1 200 euros, j'ai l'impression d'être le Bernard Arnault tchèque. C'est comme si je vivais dans un magasin Lidl géant. Si on m'avait dit un jour que le bonheur était à portée de la main, comme ça, à moins de deux mille kilomètres de chez moi…

« J'essaierai de venir pour Noël afin de passer du temps avec Véro et les enfants. Ah, d'ailleurs : le conseiller Pôle emploi de Véro lui a parlé d'un poste de comptable au Canada. Il se peut qu'on doive vous laisser les gamins pendant quelques années.

« Chers parents, vous me manquez. Mais j'ai espoir que bientôt vous pourrez me rejoindre. L'ambassade de France envisage aussi d'accueillir les retraités en République tchèque. »

Ve République

Si vous le permettez, je vais par ces mots me rendre hommage moi-même. Je suis née le 4 octobre 1958, et je fête mes soixante ans ce 4 octobre 2018, au lendemain de la mort du grand Charles Aznavour. J'ai traversé des époques parsemées de tempêtes. Mais il faut dire que j'ai une solide Constitution à la base. Le secret de ma longévité, c'est ma souplesse : passée entre les mains de Pompidou, Giscard ou Hollande, j'ai toujours réussi à m'adapter. Quand on est trop rigide, on finit sa carrière à Barcelone…

Je n'ai pas connu ma mère, la IVe République, partie le jour de ma naissance. Mais j'ai débarqué avec mon fameux slogan : « Accélérez, passez la Ve ! » Ha ha ha… À l'époque, j'étais partout, du perron de l'Élysée aux couloirs du Parlement, *en dix fois plus grand que n'importe qui mon nom s'étalait.*

Cependant, je ne détiens pas le record de longévité : ma grand-mère la IIIe République a tenu soixante-dix ans ! Une petite joueuse à côté d'Aznavour… Mais quelle ténacité ! Moi, je ne sais pas si je tiendrai encore dix ans…

D'autant que certains veulent ma peau. Vous le connaissez, ce Mélenchon, là ? Qu'est-ce que je lui ai fait ?

Cela dit, j'ai toujours connu des gens qui voulaient ma fin. Alors, attention, là *je vous parle d'un temps que les moins de vingt ans ne peuvent pas connaître*... Mais les beatniks de Mai 68 qui voulaient en découdre avec moi ont tous fini en costard dans un open space à faire des tableaux Excel. Elle est loin, la bohème.

Si j'ai l'air encore potable, c'est parce que vingt-quatre fois on m'a retouchée. Chaque président veut me refaire la façade : un petit coup de loi par-ci, un état d'urgence par-là... C'est plus une Vᵉ République, c'est la salle d'attente d'une clinique privée brésilienne.

Y en a même qui m'ont dissoute. Comme ça, *paf* ! En 97... Comme un cube Maggi pour essayer de sauver la soupe. C'est vrai que je donne beaucoup de pouvoir aux présidents. Mais ils en veulent toujours plus. Alors voilà que pour mes soixante ans, qu'est-ce qu'on m'offre ? Une révision ! Comme à une vulgaire 4L. Révision « reportée pour cause d'affaire Benalla ». J'suis bien la seule personne à pouvoir remercier c't'andouille !

Alors que moi, mes moments préférés, ce sont les cohabitations. C'est mon péché mignon : faire travailler ensemble des gens qui ne peuvent pas se blairer.

I ♥ Netflix

Netflix influence la vie à deux : de plus en plus de couples déclarent qu'une soirée idéale entre amoureux, c'est de regarder ensemble des séries… Selon les études, aux États-Unis, c'est trois quarts des couples qui fantasment sur une soirée devant Netflix. Quand on pense que depuis des lustres, on se cotise pour payer des lunes de miel à des jeunes mariés qui finissent par divorcer… Si on leur avait offert des coffrets DVD à la place, aujourd'hui ils seraient peut-être encore ensemble.

Netflix modifierait à ce point nos modes de vie qu'aujourd'hui, quand un homme raccompagne une femme après un premier rendez-vous, s'il parvient à monter chez elle, elle lui dira : « OK, mais juste un épisode alors ! » Et c'est ainsi que nos souvenirs vont se construire autour de Netflix : « Écoute bien, mon enfant, la première fois que j'ai embrassé ton père, c'était pendant l'épisode 2 de la saison 3 de *Dexter*. Ensuite, tu as été conçu pendant l'épisode 5 de la saison 6 de *Homeland* et tu es arrivé neuf mois plus tard, au troisième épisode de la saison 7 ! » Pour fêter l'anniversaire de leur rencontre, ce couple passera la soirée devant le tout premier épisode qu'ils avaient regardé ensemble. Rien de tel pour retrouver la passion des débuts. Car s'aimer, c'est regarder Netflix dans la même direction.

Si Édith Piaf chantait de nos jours, elle dirait :

Quand il me prend dans ses bras
Qu'il me parle tout bas
Je lui dis d'arrêter
Parce qu'il m'empêche de suivre
Orange Is the New Black.

Tout est fait pour qu'on enchaîne les épisodes, il nous reste donc à espérer que les couples profitent du générique pour se faire des câlins. Mais il existe un bouton qui permet de le sauter. Bref, quand tu as Netflix, il n'y a vraiment plus que les génériques qui se font sauter.

Les séries créent un effet addictif qui pousse à enchaîner les épisodes comme Jean-Vincent Placé enchaîne les gin-tonics. C'est l'équivalent du *binge drinking* : « binger » c'est l'action de s'enfiler toute la saison d'une série pendant un week-end (au XIXe siècle, on « bingeait » tout Maupassant, par exemple).

Avant, pour vérifier si on allait pouvoir habiter sous le même toit, on prenait un chat ou un chien. Aujourd'hui, on prend un abonnement Netflix. D'ailleurs, quand quelqu'un te dit qu'il a quitté son conjoint parce que la connexion ne se faisait plus, tu ne sais pas s'il parle de sa relation ou de son modem. Donner son identifiant Netflix à quelqu'un, c'est une plus grande preuve d'amour que de lui laisser le double des clés de la maison.

Pour piéger l'autre, on ne fouille plus l'historique des boîtes mail mais celui de Netflix : « C'est qui, cette Cassandra ? Ne me mens pas, je sais que tu l'as vue, alors qu'elle n'apparaît que dans l'épisode 10 et qu'hier soir on s'est arrêtés au 6. »

Reste la question la plus difficile en cas de rupture : qui va garder l'abonnement ?

Police Academy

Salut, salut ! Je m'appelle Péronie, j'ai treize ans. Dans mon collège à Versailles, on cumule : il y a un poulet qui s'appelle Michel. Et notre proviseur, M. Gounaud, a suivi une formation à l'armée. Depuis, l'ambiance au collège, elle a changé, mais de ouf. En deux semaines, on est passés de Jules Ferry à *Full Metal Jacket*.

Arrêtez de vous prendre la tête sur la question de l'uniforme à l'école, chez nous, tout le monde est en treillis et c'est réglé. Sérieux, le gouvernement croit qu'il va nous impressionner avec ses méthodes ? Alors que pour nous faire flipper il suffisait de nous menacer avec une interro en maths.

Elle a bon dos, la violence à l'école : depuis qu'il y a un flic au bahut, l'élève qui se pose tranquille au fond de la classe, sous la fenêtre, près du radiateur, c'est parce qu'il y a été menotté. Et m'sieur Gounaud – notre proviseur –, lui qui ressemblait à Woody Allen, depuis qu'il est rentré de sa formation commando, c'est Jean-Claude Van Damme.

Hier, j'étais en cours d'histoire, je le voyais par la fenêtre, il faisait des tractions torse nu dans la cour ! Je crois qu'il prend tout ça bien trop au sérieux. Et je ne dis pas ça uniquement parce que pour quitter son bureau, il descend en varappe le long de la façade.

Moi, je pensais qu'un proviseur avait été formé pour éduquer. Ben non, là il est formé pour savoir comment démonter un Famas en moins de cinq minutes en laçant des rangers. On était censés échapper au service obligatoire mais j'ai comme l'impression que le service militaire va durer du CP à la terminale.

Par exemple, lundi dernier, mon pote Mathieu s'est fait plaquer au sol par le flic du bahut. L'erreur du débutant : il avait sorti son compas… mais en cours d'anglais. Ma copine Mounia, de temps en temps, le vendredi, elle sèche un cours. Plus maintenant, là elle a trop peur que le Raid débarque dans sa chambre. Par contre, Jessica est complètement OK avec tout ça : elle peut enfin porter son petit haut camouflage en toute discrétion. Perso, je flippe un peu qu'on ne puisse plus se défouler à la récré sans se prendre un coup de taser. Faudra surtout bien expliquer aux policiers que c'est pas parce que t'es en S que t'es un terroriste. Qu'est-ce qu'on va devenir quand ils vont découvrir que le savoir est une arme ? Et imaginez les bienfaits pour notre société si on mettait un prof dans chaque commissariat.

Maintenant ma grosse angoisse, c'est plus de me dire « Est-ce que je vais avoir mon bac ? » mais : « Comment est-ce que je vais arriver à survivre jusque-là ? »

Banques fossiles

Les six principales banques françaises investissent massivement dans les énergies fossiles. C'est la conclusion de deux rapports publiés en novembre 2018, l'un d'Oxfam, l'autre des Amis de la Terre : sur 10 euros, nos banques en investissent 7 dans les énergies sales et 2 dans les énergies renouvelables. S'il y a bien deux choses qui n'ont pas d'odeur : c'est l'argent et le dioxyde de carbone. Ça se mélange donc incognito. La championne des banques fossiles, c'est la BNP, « La banque d'un monde qui change », dont le logo est vert. La communication, elle, est propre : ils sont cool, ça parle verlan et ça envoie du lol. Mais en finançant le pétrole, le gaz et le charbon, la banque investit dans des matières complètement périmées : financer les énergies fossiles aujourd'hui, c'est comme tout miser sur François Fillon pour 2022.

Le taux du réchauffement climatique est largement supérieur à celui du Livret A, et pourtant nos banquiers nous appellent pour nous dire qu'on est à découvert de 50 euros et que « c'est une attitude irresponsable ! ». Nous, quand on s'engage à rembourser un prêt et qu'on tient pas nos promesses, on se prend des majorations, des frais de dossier, des agios et tout le reste. Et les banques ? Elles ont juste droit à deux ou trois petits articles dans lesquels on dit : « Eh, mais dites donc, c'est pas bien tout ça ! »

Les banquiers, ça ne leur suffit pas d'avoir été à l'origine de la crise économique en 2008, ils veulent en plus nous faire plonger dans la crise écologique. Le banquier et l'écolo ne parlent pas le même langage, pourtant ils utilisent les mêmes mots. Exemple : « protéger les espèces » a un sens différent pour chacun. Par ailleurs, le monde de la finance, c'est tout un écosystème : les requins, les renards qui parlent de yens, les fonds vautours. Le Cac 40 est un safari.

On n'est pas tellement surpris que les banques n'aient pas tenu leurs engagements sur la finance verte. Si les politiques ne tiennent déjà pas les leurs, il ne faut pas espérer mieux des banquiers. Politiques, banquiers. Pas étonnant qu'il y ait des reconversions réussies.

Les deux nous poussent à faire des plans épargne, mais pour quoi faire ? Ils nous disent : « Tenez, mettez un peu de côté tous les mois, on ne sait jamais ce qui peut se passer dans la vie. » Vu le nombre de catastrophes naturelles qui nous tombent sur la cafetière, on n'est pas à l'abri d'une petite apocalypse. C'est vrai, on aimerait prendre les devants, oui. Mais proprement. Alors que pour un banquier, le bilan comptable passera toujours avant le bilan carbone.

Dans les rapports d'Oxfam et des Amis de la Terre sont notamment visés la BNP, la Société générale, le CIC ou le Crédit agricole. Donc, à la question « Et vous, que faites-vous pour la planète ? », je réponds : « Je change de banque ! »

Lundis sans viande

Cinq cents personnalités ont signé un appel pour des lundis verts : Isabelle Adjani, Juliette Binoche ou Cécile de France proposent de ne plus manger ni viande ni poisson le lundi.

C'est encourageant toutes ces personnalités engagées pour le climat, y en a même qui signent plus de pétitions que d'autographes. Jouer la comédie et s'engager, les deux fonctionnent pareil, c'est un don de soi, parce que c'est désintéressé : le poulet, le bœuf ou la daurade ne paient pas leur place au cinéma. Ensuite, la caution de ces appels et autres tribunes, c'est aussi les scientifiques et les activistes qui les signent. Prenez Isabelle Autissier qui appelle aux « lundis sans viande » : imaginez qu'elle se tape une traversée de l'Atlantique en solitaire, et quand enfin elle franchit la ligne, c'est un lundi !

Parce qu'il faut être cohérent, une fois que t'as signé, tu es engagé. Imaginez aussi la vie de Juliette Binoche, si elle applique toutes les résolutions qu'elle signe ? Déjà, pour s'en souvenir, il faut qu'elle relise tout son historique sur

« change.org » et puis qu'elle s'organise, avec un petit calendrier : le lundi, pas de viande ; le mardi, c'est #MeToo ; le vendredi, soutien des cours d'alphabétisation aux migrants. Pour l'instant, le jeudi, elle n'a rien de prévu… Elle peut lancer « Le jeudi sans tirer la chasse ». Elle est à fond ! Et quand elle n'est pas dispo, elle passe le relais à Marion Cotillard.

Donc moi, hier à la cantine de Radio France, premier lundi vert : j'ai pris des lentilles brocolis. Mais en dessert, il y avait de l'ananas, un fruit exotique. Je me suis dit : « Qu'est-ce que Juliette Binoche aurait fait ? » L'angoisse. Comment se débrouille-t-elle à la cantine du tournage le lundi ? Et après, on s'étonne que les stars soient obligées d'abuser du room service.

Avec leur carrière internationale, j'espère qu'elles ne vont pas signer un texte pour l'année sans avion. Parce que c'est super ce qu'elle fait, Juliette Binoche, mais si elle veut sensibiliser les citoyens, elle peut faire mieux, et en parler directement aux pollueurs. La mode est le deuxième plus gros pollueur de la planète. Au prochain shooting Lancôme : « Appelez-moi le patron, que je lui touche un mot ! » Et si je puis me permettre, avec le lundi vert, une question essentielle reste en suspens : qu'est-ce qu'on va bien pouvoir faire de toute cette viande… maintenant qu'on a signé le Ceta ?

L’indice mousse

L’institut de sondage Ifop a importé des États-Unis l’indice de convivialité du politique : un sondage qui permet de savoir avec quel politique les Français sont prêts à aller boire une bière. Donald Trump dirige les États-Unis, et nous, on continue à importer des concepts américains. Alors déjà, un petit conseil : si vous voulez vraiment boire une bière avec un homme politique, rappelez-vous que ces gens-là n’ont jamais d’argent sur eux, donc, méfiance.

Cette mise en garde étant faite, avouez que même sans sondage, on aurait deviné qui arrive premier du classement : le chef de l’État, avec 44 % de préférence. Personnellement, j’aurais plutôt choisi François Fillon pour boire une bière. On est d’accord que pour l’ambiance, c’est pas le délire, mais si Fillon nous paie une pinte, c’est déjà ça qu’on peut retirer de l’ardoise.

Marine Le Pen et Jean-Luc Mélenchon réalisent un bon score de convivialité, 28 et 25 %. Mais là, le résultat est faussé, parce qu’on sait très bien qu’avec eux, on ne s’arrêtera pas à une seule bière. Et puis quelle injustice d’avoir omis

Jean Lassalle, un homme qui a réussi à faire toute la campagne présidentielle avec trois grammes dans le sang. Enfin, cette étude a été réalisée avant la petite sortie de Castaner en boîte, ce qui invalide aujourd'hui ce sondage : la bière, ce n'est pas assez fort. En revanche, Benoît Hamon n'est pas cité, sans doute à cause de la gueule de bois qu'il s'est déjà payée au lendemain du premier tour.

Ils sont un peu étranges, ces nouveaux sondages : « Avec quelle personnalité politique voudriez-vous boire une bière ? »... C'est-à-dire qu'à la base, on a des amis pour ça. Et à quoi bon aborder devant une bière les sujets sur lesquels ils nous disent déjà des conneries quand ils sont à jeun ? Déclinons les sondages à la con : avec quelle personnalité politique aimeriez-vous faire du shopping ? aller au spa ? rester coincé dans l'ascenseur ? Ou, plus clivant : manger un couscous ?

Il faut rester dans ce qui est crédible et poser plutôt cette question aux Français : « Avec quelle personnalité politique feriez-vous du blanchiment d'argent ? » On saurait si les Français solliciteraient plutôt l'expertise de Balkany, celle de Cahuzac ou celle de Guéant.

On ne va pas se mentir : le « degré de sympathie » va surtout se mesurer avec le degré d'alcool contenu dans la bière. Et entre une pinte de bière et Emmanuel Macron, y en a clairement un qui te soûle plus vite que l'autre. Et puis surtout, n'oubliez pas que contrairement à vous, le politique a un chauffeur pour le raccompagner.

Licenciement automatique

Je m'appelle XRbm-295. Quand j'étais un p'tit robot, j'avais des posters de R2-D2 dans ma chambre et mon rêve, c'était de devenir un robot chirurgien. Mais bon, c'était beaucoup trop d'études. J'ai pourtant toujours été très apprécié par mes processeurs. Je n'aurais jamais pensé que je finirais par pointer un jour à Pôle emploi.

Je viens d'être licencié avec tous mes collègues. Nous travaillions au Japon, dans le premier hôtel au monde qui employait des robots, mais nos bugs à répétition nécessitaient trop souvent une intervention humaine, l'expérience a fait long feu.

On me propose de bosser sur une chaîne de montage Renault-Nissan (dans le fond, je suis en tôle, comme Carlos Ghosn). Mais moi je n'y connais rien aux bagnoles, je ne suis pas programmé pour ça. Attention, je connais bien le milieu ouvrier : mon grand-père était marteau-piqueur. Mais bon, à Pôle emploi, vous savez comment c'est, on vous propose n'importe quoi, et puis on vous dit : « Oui mais vous êtes surqualifié, vous parlez plus de deux cents langues. » C'est quand même pas de ma faute ! Là, on vient de me proposer un poste de grille-pain dans le Limousin, vous imaginez la détresse ? Si ça continue, je vais finir à un péage alors que je sais plus de choses que n'importe quelle *Encyclopædia Universalis*. Vous savez, au début, nous les robots, on aidait la ménagère à faire la cuisine et le nettoyage. Mais on aspirait à autre chose qu'à aspirer la moquette ! Alors on a voulu bosser en entreprise, histoire de créer de la richesse.

C'est vrai qu'il a fallu virer trois humains pour que je trouve un travail, alors qu'honnêtement, je ne suis pas trois fois plus efficace. C'est juste que je suis trois fois plus docile. Travailler vingt-quatre heures sur vingt-quatre sans jamais se plaindre, jamais une pause clope et tout ça pour aucun salaire ! On en est à un point où on est jaloux des livreurs Deliveroo.

Mon job à l'hôtel, c'était de recevoir des clients, de leur donner les clés de la chambre et de répondre au téléphone. Mais il y a quelque chose d'aliénant à répéter tout le temps la même chose. On est des robots, pas des députés La République en marche ! Quand je les entends déclarer partout qu'aujourd'hui il faut « changer de logiciel », j'ai envie de leur dire : « OK, ben toi essaie déjà de changer de cerveau et puis reviens me voir ! » Je suis bosseur, mais il ne faut pas me chauffer, sinon je bugue. Sur la fin, j'arrivais toujours pile à l'heure, mais je savais plus pourquoi. Et un jour, je me suis fait virer.

Depuis, je passe mes journées à tourner en rond à la maison comme un aspirateur autonome. Ma seule consolation, c'est que j'ai reçu un pin's du Medef : ils ont toujours été sympas avec les employés qui ne prennent jamais de vacances.

Liberté, égalité, abdos-fessiers

Lorsqu'en janvier 2019, cent cinquante réfugiés ont été mis à l'abri du froid dans un gymnase du 16e arrondissement de Paris, les habitants ont protesté parce qu'ils ne pouvaient plus faire de sport. Des manifestants se sont même rassemblés pour essayer d'empêcher les réfugiés de s'installer dans le gymnase Jean-Bouin, avec un argument massue : « Et maintenant, je fais comment pour mon cours de Pilates ? » C'est un gymnase public, c'est leurs impôts, et je rappelle que la devise de la France, c'est « Liberté, égalité, abdos-fessiers ».

On parle donc de gens qui vivent au chaud, et qui sortent se les geler pour empêcher ceux qui crèvent de froid de vivre au chaud. C'est aussi absurde que de vivre dans la sixième puissance mondiale et de devoir choisir entre faire du sport dans son gymnase et accueillir des réfugiés par grand froid.

Il doit quand même bien y avoir dans cette ville d'autres endroits qui ne servent à rien… Je pense au Sénat, au ministère de l'Écologie, au QG de François Bayrou ou à la salle de bains de Michel Houellebecq.

Naïvement, je croyais que le sport véhiculait des valeurs,

notamment de partage. Alors qui sont ces gens qui sont allés manifester ? Ceux-là mêmes qui disent : « Déjà que les étrangers viennent nous voler nos boulots et nos femmes, maintenant ils s'en prennent à nos barres parallèles et à nos tapis de sol ! Parlons-en, tiens, des tapis de sol, dont ils vont se servir pour prier vers La Mecque. *Hidalgo, démission !* »

Mais quand tu as accumulé vingt marathons pour traverser le désert et que tu as terminé à la nage, si tu te retrouves à dormir sous des barres parallèles, t'es pas très pressé de les utiliser. Qui utilise les équipements du gymnase ? Les gens qui sont abonnés à la salle pour faire du sport, et notamment les jeunes lycéens qui passent le bac escalade. Le bac escalade ! OK, très bien : qui a déjà vu un Français grimper quatre étages à mains nues pour sauver un gosse ? On ne gagne jamais de médailles en gymnastique, c'est tout pour les Chinois, les Américains et les Russes. Et là on avait l'occasion de gagner la médaille de la solidarité !

Alors oui, les gamins du 16e arrondissement de Paris auraient été privés de gymnastique pendant trois mois, mais il leur restait l'équitation. Vous ne voulez tout de même pas qu'ils fassent leurs exercices de gymnastique chez eux ? C'est un coup à casser un œuf Fabergé en faisant du stretching !

Ce serait ça, le « grand remplacement » ? D'abord on nous empêche de faire du sport, alors on développe du cholestérol, donc on tombe malade et les réfugiés qui font de l'exercice, eux, sont super en forme, et puis ils reprennent nos postes. On ne se méfiera jamais assez de la perfidie des islamo-gauchistes.

Les croûtes d'Adolf

En février 2019, une maison de vente allemande a mis aux enchères cinq tableaux peints par Hitler. Une initiative qui permet de reposer cette question : faut-il séparer l'œuvre de l'artiste ? Et, si oui, peut-on exposer la collection de poteries de Staline ? Il paraît que Michel Fourniret fabrique de très jolis cendriers en rotin. Tandis que Pol Pot cuisinait fort bien les nouilles.

Cela fait des mois, voire des années, qu'en France on se demande s'il est bien raisonnable de relire Céline et qu'on s'offusque de la réédition de *Mein Kampf*. Et pendant ce temps, des Allemands essayent de refourguer des aquarelles d'Hitler, des croûtes que même Claude Guéant n'arriverait pas à écouler. Et pourtant, si on les avait achetées bien plus tôt pour encourager le jeune artiste…

Samedi, certaines toiles étaient estimées jusqu'à 45 000 euros. Débourser une telle somme pour les tableaux d'un type qui a été recalé deux fois aux Beaux-Arts de Vienne, c'est un peu surcoté. Il ne faut pas être très passionné par l'art pour s'y intéresser, en revanche, il faut être très passionné par le nazisme.

C'est d'ailleurs une belle occasion de se moquer des nazis. Puisque, d'une part, leur idole était une brêle en peinture, et que d'autre part, ces gens sont prêts à payer des sommes astronomiques pour des pâtés d'aquarelle. Car on en a désormais la certitude : Hitler était meilleur dictateur que peintre.

Les tableaux n'ont pas trouvé acquéreur, non pas en raison de la piètre qualité de l'œuvre. Non. Ce qui a plombé la vente, c'est qu'un commerce de faux a été démantelé la veille. Et les analyses graphologiques ne permettent pas toujours de savoir si les tableaux ont bien été signés de la main d'Hitler. Ce qui présente un risque : ce serait dommage de se retrouver avec, à la place, une toile d'Himmler, parce qu'on se serait planté en déchiffrant la signature. En effet, cette vente aux enchères nous rappelle les heures les plus sombres de l'histoire de l'art.

Donc, oui, il y a des doutes sur l'authenticité des œuvres. Ces paysages bucoliques aux titres poétiques, ça n'évoque pas immédiatement ce qu'on connaît de l'homme... Hitler n'était pas le genre à utiliser un nuancier. De toute façon, le nazisme et l'art, généralement, ça fait deux. Il n'y a qu'à voir la piètre qualité des tags antisémites qu'on retrouve encore parfois sur les tombes profanées.

Si aucun tableau n'a finalement été vendu, en revanche, une nappe du Führer a trouvé acquéreur, pour 600 euros. Un échec cuisant pour un peintre. Heureusement qu'il est mort, sinon il nous aurait encore piqué une de ces colères pas possibles (et on sait à quel point il pouvait être susceptible).

Lors d'une vente précédente, c'est un téléphone qui a été vendu. Il y a des gens qui paient plus de 200 000 euros pour utiliser le téléphone d'Hitler quand d'autres, aux États-Unis ou au Brésil, utilisent ses idées gratuitement.

Ligue du lol.le.s

Moi, c'est Gwen, et j'en ai assez de l'entre-soi masculin blanc hétéro cisgenre aux postes de responsabilité ! Je bosse dans un grand journal « de référence », je suis sur Twitter depuis les débuts, donc j'ai plus de followers que Léa Salamé. Je suis influente, quoi. Avec les collègues, on a créé la « Team MDR ». Et vaut mieux pas être notre cible, parce qu'on est comme des hyènes !

On s'est fait les dents sur un tout jeune mec qui voulait devenir journaliste alors qu'il tenait un blog sur le foot (déjà le sujet de merde !). On lui a pourri son site, il recevait quatre cents commentaires haineux par jour. Il ne comprenait pas pourquoi, il était tout paumé, on était mortes de rire. Et quand on a l'ascendant sur les mecs, ça les rend oufs : ils sont tous à nos pieds. Moi, j'ai qu'à claquer des doigts pour me taper la moitié du 11e arrondissement de Paris.

Il faut dire que je bosse sur des problématiques dites « progressistes », type « égalité hommes-femmes ». Je pisse de la copie bien-pensante à longueur de journée, alors le soir, j'ai besoin de me détendre. La dernière fois, y a Fanny (c'est la numéro 2 de chez *Grazia*, elle est terrible, je l'adore) qui, pour déconner au boulot, a décidé de lancer un raid. On avait appris que le frère de Jérôme était malade (Jérôme, c'est un gars tout naze qui écrit de la merde pour *So Foot*, et en plus il est noir). Du coup, les copines lui ont floodé son compte avec des photos du Ku Klux Klan! Mais bon, moi j'étais dégoûtée : je n'ai pas pu y aller parce que j'avais mon édito à finir sur Nelson Mandela. Heureusement, les copines ont tout balancé sur Insta et j'en ai pas perdu une miette.

Alors oui, parfois, certains réagissent mal. Ils sont là : « Ouin ouin, elles m'ont ligoté pour me tatouer une croix gammée sur le front. » *Non mais ça va, oh! C'est de l'humour!* Faut pas tout prendre au premier degré non plus. C'est comme ça, Internet, ça clashe, ça vanne, si t'as pas les épaules, fais ta vie sur Copains d'avant! « Cyberharcèlement », c'est un peu fort. « Humiliation digitale », à la rigueur… Mais on ne fait pas de distinction, il faut juste que ce soit des gens qu'on n'aime pas. Et vu qu'on n'aime personne à part nous-mêmes, on a de quoi se marrer! De toute façon, on a toutes des postes de responsabilité dans la rédac, et à partir de là, plus personne ne moufte. Pardon, c'est pas de ma faute si les gens nous trouvent trop cool.

Les mecs sont trop fragiles! D'ailleurs, moi, mon kif, c'est de bien les niquer, tous ces p'tits merdeux qui veulent ma place. Ils croient quoi? Que leur teub, c'est un passeport diplomatique?

Précaire mais branché

Ne dites pas à ma mère que je suis chargeur de trottinettes, elle pense que je suis livreur Deliveroo. Car on a beau répéter qu'il n'y a pas de sot métier, là je dois dire que je prends énormément sur moi.

Ce métier demande peu de qualifications, vu que ça consiste à brancher et débrancher une prise, mais ayant adopté le statut d'autoentrepreneur, je suis mon propre patron ! Je récupère les engins dans Paris, la nuit (c'est comme un grand jeu de Pokémon Go), et je les recharge chez moi, ce qui me rapporte 5 à 10 euros la trottinette.

Cela crée parfois des malentendus, puisque la semaine dernière j'ai croisé la mamie du premier étage dans l'escalier, avec quatre trottinettes sous le bras. Elle est donc persuadée que j'ai quatre gosses, que je les séquestre, et elle m'a envoyé les services sociaux (leur agent s'étant pris les pieds dans les câbles qui traînaient au sol, il est actuellement en ITT).

Mais là où ça se complique vraiment, c'est que, si je branche trois trottinettes et mon grille-pain, je fais sauter les plombs. Heureusement, j'ai la solution : j'ai installé une dynamo sur mon vélo d'appartement, comme ça je pédale pour recharger les trottinettes. En revanche, je commence à avoir de mauvais réflexes : la dernière fois qu'un pote a rechargé son téléphone chez moi, je lui ai facturé 5 euros. J'avais l'impression de faire des heures sup ! Car dans mon cas, ce job est une vocation : déjà tout petit je rechargeais les piles pour les revendre à mes copains à la récré.

Mais faut pas croire, c'est crevant comme boulot ! J'en connais certains qui finissent avec un burn-out : mon collègue Dimitri était tellement au bout du rouleau qu'il a mis les deux doigts dans la prise pour se recharger un peu. Il est toujours à l'hôpital. Et il n'est couvert par aucune assurance. De toute façon, Dimitri allait ramasser les trottinettes électriques en Kangoo diesel…

Moi ce que je préfère dans ce métier, c'est le sentiment du travail accompli : quand, au petit matin, je vois tous ces Parisiens aller au boulot en se faisant insulter par des piétons parce qu'ils roulent sur le trottoir, c'est mon petit plaisir quotidien.

Alors peut-être qu'un jour nous serons remplacés par des drones qui localiseront et porteront à la recharge toutes les trottinettes de la ville. Mais il faudra de toute façon faire appel à des gens pour recharger les drones. Encore une preuve qu'entre la start-up nation et les précaires, le courant passe vraiment bien.

L'amour du RIP

Plusieurs jours après le décès de Karl Lagerfeld, les hommages pleuvaient encore. Mais sa disparition a éclipsé celle d'un autre grand artisan, auquel nous rendons hommage ici : le créateur de la maison Manfroid. Il était le plus grand chauffagiste de sa génération : Gérard Manfroid, qui a donné ses lettres de noblesse à la chauffagerie de luxe, avec, notamment, sa fameuse tuyauterie en laiton. Il a chauffé les plus grands : l'appartement de Catherine Deneuve, la villa de Jean Dujardin, la piscine de Takieddine.

On l'appelait « le Panzer du radiateur ». Gérard a su prendre la température de son époque. Il avait d'ailleurs inventé la température idéale, le « 21,1 ». C'était son bleu Klein à lui. Et comme il est mort sans héritier, il lègue toute sa fortune à Kiki, son hamster jovial.

— Alors, nous sommes en direct, et en ligne avec Inès de La Prestance, depuis Marrakech. Inès, vous, vous étiez là à ses débuts, quand il a lancé « La Clim » ?

— Oui, et ce que j'appréciais chez lui, c'était sa fraîcheur. Il savait mettre sa touche dans l'air ambiant de façon discrète, mais totalement assumée. Aujourd'hui, c'est tout le monde de la climatisation qui est en deuil. Ils sont peu nombreux, ceux qui savent brasser l'air comme Gérard.

— C'était un homme très entouré ?

— Oui, mais en même temps très seul... Il aimait être bien isolé. C'était aussi ça, Gérard...

Merci, Inès de La Prestance. Et je rappelle qu'en hommage à Gérard Manfroid, France Inter rediffuse son entretien avec Augustin Trapenard, qui l'avait reçu dans « Boomerang ».

— Nous sommes à présent en ligne avec Ana Mouglalouse. Ana, vous étiez égérie de la maison Manfroid... l'égérie « Pompe à chaleur ». Alors, Gérard n'a pas toujours été le génie du chauffage que l'on connaît aujourd'hui ?

— Non, la vie n'a pas été simple pour lui. Il est parti de rien et, vingt ans plus tard, il soufflait le chaud et le froid... Mais il a toujours été là pour moi : automne-hiver, printemps-été. Quand ma chaudière m'a lâchée en 2010, je me souviens, il a débarqué en deux heures dans sa Kangoo diesel. Le monde de la chaudière à condensation perd un de ses plus grands représentants.

Merci, Ana. C'est vrai qu'il était capable de démonter une chaudière pour un simple souci de condensateur. Et on mesure sa popularité sur Instagram : c'est à qui postera son selfie avec Gérard. Même ses anciens ennemis, je pense au P-DG de Climomax qui posait avec lui pour la couv de *Thermostat magazine*.

Alors oui, c'est vrai, il pouvait avoir des prises de position clivantes et un franc-parler parfois glaçant. Mais bon, il avait tellement de talent !

Le Scorsese de la baie des Anges

Christian Estrosi, le maire de Nice, a profité du carnaval pour tester son système de vidéo à reconnaissance faciale au milieu de la foule. Alors que Nice était déjà truffée de caméras de surveillance pour filmer le carnaval sous tous les angles. Et en 2019, justement, quel était le thème des festivités ? « Le roi du cinéma ». En effet, Christian Estrosi a une telle passion pour la vidéo qu'on l'appelle le Scorsese de la baie des Anges. C'était déjà l'homme aux mille vies : d'abord champion de moto, puis homme politique et aujourd'hui producteur de téléréalité. Quel parcours !

Les policiers ont effectué un test et scruté les mille volontaires qui se sont prêtés à cette expérience. En l'espace de quatre ans, on est donc passés de « Je suis *Charlie* » à « Où est Charlie ? ».

Ce qui met de l'animation au PC sécurité à la préfecture de police de Nice, dont le quotidien est bouleversé. « *Schrrrrrt.* Riri, Fifi et Loulou arrivent sur la promenade des Anglais, je répète, Riri, Fifi et Loulou sur la promenade. À vous. » « *Schrrrrrt.* Oui, ici, place Masséna, attention, comportement suspect de la Reine des Neiges à côté des poubelles… *Schrrrrt.* Non, l'autre Reine des Neiges, celle avec la moustache. Voilàààà… »

Et c'est ainsi que toute La Compagnie créole se retrouve au poste, avec un joli bilan au terme de cette expérience : l'arrestation de cinq Dark Vador, deux Donald Duck et trois pirates des Caraïbes. Quel coup de filet ! Avec l'aide des nouvelles technologies ! D'ailleurs, je trouve ça bien que Christian Estrosi dispose de caméras intelligentes : ça rééquilibre un peu les choses. D'autant que cette technologie est capable de « prendre en compte le vieillissement d'un individu » et ça, dans une ville comme Nice, c'est particulièrement utile. Enfin, c'est carnaval, c'est plein de fêtards, donc a priori, le logiciel sera capable de vous reconnaître même si vous avez la tête dans le cul. Disons que globalement, c'est avant tout une très mauvaise nouvelle pour tous ceux qui voulaient se déguiser en fiché S.

Fort de cette nouvelle expérience, Christian Estrosi est déjà en train de bosser sur un algorithme qui détectera les groupes qui jouent faux à la Fête de la musique, afin de les placer en garde à vue. Bientôt, les Niçois auront des passages piétons qui les appelleront par leurs prénoms et des trottoirs qui détecteront les déjections canines afin d'alerter automatiquement le GIGN. Nice, ville du futur.

C'est d'ailleurs le grand intérêt du carnaval de Nice : voir Christian Estrosi déguisé en shérif.

Le hijab de course

Decathlon, qui envisageait de mettre en vente un hijab de course, s'est vite ravisé devant la polémique. *On se calme!* Ce que Decathlon voulait commercialiser, c'est un hijab, pas une gamme de ceintures d'explosifs!

Le seul mec qui a réussi à garder son sang-froid dans l'affaire, c'est le community manager de Decathlon. C'est tellement devenu une star des réseaux qu'on connaissait tous son prénom : Yann. Généralement quand tu es community manager de Decathlon, tu te fais engueuler quand il y a rupture de stock des tongs pointure 38, t'es formé pour répondre que demain, il y aura du réassort de slips de bain, mais on te demande pas de résoudre le problème de la laïcité en France!

Là, en vingt-quatre heures, son métier a changé. On lui dit :

— Hé, Yann, t'as répondu à Agnès Buzyn?

— Non, je peux pas, je suis en ligne avec Barcelone, y a Manuel Valls qu'est en train de gueuler!

— Ouais, ben oublie pas de répondre à Aurore Bergé sur le tchat!

Aurore Bergé ! Tu lui mets un hijab entre les mains, aussitôt elle le retourne pour voir s'il est bicolore. Pauvre gars de la com qui se retrouve au milieu du jeu politique. On a même vu Gérard Larcher donner son avis… sur un article de sport !

Pauvre Yann de Decathlon. Je ne veux même pas savoir la suite… quand ils vont lui annoncer la commercialisation de la kippa-frisbee, il va vouloir démissionner. Il a reçu des tonnes d'insultes et des : « Au secours ! Les musulmans achètent des tapis de gym chez Decathlon et ils s'en servent comme tapis de prière, *c'est le grand remplacement !* » Bon, déjà on n'avait rien dit pour les tentes Quechua, alors que c'est clairement un concept amérindien, mais là c'en est trop !

Pour alimenter le débat, je signale que les sacs banane et les pantacourts reviennent dans l'indifférence générale. Comment ça, ce ne sont pas des signes religieux ? Le sac banane en bandoulière et le pantacourt, c'est pas des signes de soumission à Eddy de Pretto par hasard ? On parle bien d'une secte, quand même !

Donc en fait, si j'ai bien compris la polémique, la place d'une jeune musulmane, c'est dans la cuisine à préparer le couscous et pas dehors à faire un petit jogging. Alors que la plupart des gens qui se plaignent sont ceux qui voudraient voir les étrangers rentrer dans leur pays en courant. J'ai envie de leur dire : « Laissez-les au moins s'équiper. »

Conclusion : on vit dans un pays où un hijab Decathlon choque davantage que les tentes du même nom qui s'accumulent dans les rues de Paris.

Recherche augmentée

Pôle emploi a testé des masques à réalité virtuelle pour simuler un entretien en 3D ou projeter le demandeur d'emploi en situation de travail. Excellente idée, puisque parfois, le métier qui nous attend ne correspond pas du tout à ce qu'on imagine. Par exemple, quand tu aspires à devenir conseiller Pôle emploi, tu ne t'attends pas à te retrouver démonstrateur de jeux vidéo. Et en ce moment, quand tu te rends dans ton agence, tu ne t'attends pas non plus à faire une visite du Futuroscope. Pourtant, c'est tellement ludique de chercher du taf !

La réalité virtuelle ouvre un champ des possibles infini. Certes, on peut tout imaginer : Sarkozy devant un juge ou Florent Pagny dans un centre des impôts. Mais surtout, cette technologie permet de visiter des endroits mythiques, de faire des sports extrêmes ou de voir des paysages somptueux… Et là, on nous propose quoi ? De mater la cravate de Jean-Michel, le conseiller Pôle emploi ! C'est gâcher le progrès, franchement.

J'en ai fait un cauchemar : je galérais dans ma recherche

d'emploi, on me proposait d'enfiler un casque de réalité virtuelle, là je me retrouvais seule dans une ruelle sombre quand, tout à coup, une porte s'ouvrait en grinçant, et je tombais sur Muriel Pénicaud ! Effet thriller garanti.

Il paraît que le rendu est super réaliste. Notamment le moment de la simulation où le candidat virtuel aperçoit son contrat en CDI : on s'y croirait. Autre bonne surprise du programme : les recruteurs en 3D ont l'air plus humains qu'Amélie de Montchalin. Et si Pôle emploi l'autorise, on pourra emporter le casque pour s'entraîner chez soi : c'est pas tous les jours qu'on a l'occasion de signer pour un nouveau job en slip, de son canapé.

Pour le moment, le dispositif permet uniquement d'être immergé dans le métier d'« employé polyvalent libre-service d'un magasin Carrefour » (c'est Pôle emploi, c'est pas la PlayStation). Comme ça, lorsqu'un chômeur postulera pour travailler dans un supermarché, il pourra visiter l'intérieur du supermarché virtuellement, il pourra marcher dans les rayons, mais il ne pourra rien prendre. Comme d'habitude, finalement.

Les chiffres de l'expérimentation sont très bons puisque le taux de chômage est descendu à 0 % dans toute la France virtuelle. Pendant leurs pauses, les employés de Pôle emploi doivent se servir du casque en douce, car si ça se trouve, eux aussi disposent d'une simulation dans laquelle ils trouvent virtuellement du boulot aux chômeurs, ça serait bon pour le moral.

La réalité de l'emploi en France, c'est environ 300 000 offres non pourvues pour 7 millions de chômeurs : du coup, forcément, on comprend l'intérêt du virtuel.

Romophobie

Une rumeur court régulièrement sur les réseaux sociaux : les Roms enlèveraient les enfants en région parisienne. Ce qui a déjà provoqué la persécution de cette communauté, parfois jusqu'au lynchage.

Il faut se méfier des Roms. Ils nous font croire qu'ils nettoient notre pare-brise alors qu'ils font du repérage pour voir s'il n'y a pas un mioche installé sur la banquette arrière. On les connaît, leurs techniques : qui vole une poule vole un enfant. Ils sont également réputés pour chouraver des métaux comme le cuivre ou le zinc. Et maintenant ils kidnappent nos gamins pour leur appareil dentaire ! La fourberie de ces gens.

Parisiens, méfiez-vous ! C'est bien connu, les Roms agissent essentiellement dans le métro : pendant que l'un vous fait les poches, un autre vaccine votre enfant ! Ils ont tous les trucs. Notamment pour qu'on ne dise pas qu'ils profitent du système, ils poussent le vice jusqu'à vivre dans la misère. C'est tout bête, mais il fallait y penser. La duplicité de ces gens.

Vous les avez vus se trimbaler dans leurs vieilles caisses pourries des années 80 ? Le réchauffement climatique, c'est les Roms ! La France qui ne gagne jamais l'Eurovision ? La faute des Roms. Christophe Castaner ministre de l'Intérieur ? Encore les… Ah non, là, c'est Macron. Sinon, on peut tout leur mettre sur le dos, aux Roms, on s'en fout, ils n'ont ni Internet ni la télé. Et les journaux, ils les brûlent pour se chauffer. Donc allons-y gaiement : « Les Roms enlèvent des enfants dans une camionnette blanche. »

La préfecture de police prévient : « Attention, c'est une *fake news* » ! Ouais, ça va, on s'en est rendu compte : depuis quand les Roms ont les moyens de s'acheter une camionnette ? Et même s'ils avaient une fourgonnette blanche, à l'heure qu'il est, ils l'ont sûrement déjà repeinte en bleu. Ou en rouge. La filouterie de ces gens.

Je rappelle que Marc Dutroux et Michel Fourniret, eux, avaient bien une camionnette blanche. Mais comme ils n'étaient pas roms, à l'époque, personne ne s'en est inquiété. On peut utiliser les *fake news* pour faire tomber les puissants ou pour exterminer les plus faibles. Mais si on commence à appeler *fake news* toutes les légendes urbaines, on n'a pas fini. Je vous ai parlé de ce type qui se transforme en loup-garou à chaque pleine lune ? Oui, je sais, c'est surprenant, mais c'est une *fake news* : ils ont démonté l'affaire dans *Lycanthrope magazine* le mois dernier.

Il faut dire qu'une fois qu'on a tapé sur les Noirs, les Arabes, les Juifs, les femmes, les gays et qu'on commence à s'ennuyer un peu, Dieu merci on a les Roms pour briser la routine. C'est court une année, il faut penser à bien planifier toute cette haine si on veut que tout le monde en profite. Mais il faut bien le reconnaître, quand il s'agit de désigner des coupables, tous les chemins mènent aux Roms. Je suis à deux doigts de lancer le hashtag #stopromophobie. Parce qu'avant un peuple nomade, c'était un peuple qui était partout chez lui. Et aujourd'hui on leur fait comprendre qu'ils ne sont nulle part chez eux.

Finance verte

Le sommet One Planet réunit des chefs d'État, des banques et des entreprises pour développer la « finance verte ». Alors d'abord, pardon pour tout ce que j'ai déjà dit ici sur le monde de la finance. Je ne savais pas que la finance aimait comme nous les fleurs, les oiseaux et les abeilles. Mais donc, si on sait maintenant qu'elle est verte… elle a un visage, la finance ? Ça change tout !

Le sommet One Planet est une immense Zad des puissances de l'argent. Si ça continue, demain, le Cac 40 sera bio. Donc j'apprends que la finance travaille à un monde meilleur… Mais prévenez-nous, les gars, je ne savais pas, moi ! Tenez, le patron de la BNP est devenu écolo le jour où il a trouvé que son terrain de golf avait jauni. Résultat, il s'engage aujourd'hui pour la planète. Allez expliquer ça aux pauvres qui roulent en diesel et qui ne veulent pas passer à l'hybride !

Jusqu'à présent, polluer était rentable. Maintenant, c'est le développement durable qui peut rapporter du cash. Plus besoin de rouler à vélo ou de manger bio pour être vraiment écolo : il suffit de décarboner vos portefeuilles boursiers et vous mettre aux obligations vertes. Les Green Paradise Papers, c'est déjà nettement plus acceptable. Rejoindre les Caïmans en deltaplane, c'est déjà moins grave.

Sont présentes à ce sommet les banques UBS, HSBC, BNP, toutes entachées de scandales, mais hop, on passe un coup de vert et ça repart ! Si ça pouvait marcher pour tout le monde, ça : ton compte est scandaleusement dans le rouge, un petit coup de *greenwashing* et hop, il repasse dans le vert ! Moi j'ignorais que mon banquier pouvait être écolo, y a qu'à voir la tête du pauvre ficus de l'agence pour en douter.

Mais attention, parce que, d'après des associations comme Attac, le règlement sur les obligations vertes, c'est flou. N'importe qui peut en bénéficier tant qu'il prouve que son projet a une dimension environnementale. Par exemple, on pourrait ouvrir une usine à charbon si elle a installé des toilettes sèches. Ou continuer à investir dans les hydrocarbures si l'entreprise fait pousser trois courgettes dans le jardin.

Ça s'adapte tellement vite, la finance ! Vous allez voir qu'ils vont nous sortir « Les Agios du cœur » ! Dans un tel milieu d'enfoirés, c'est pas impossible.

Mon jambon star

J'ai ouvert un compte Instagram mais vous savez ce que c'est, les réseaux sociaux, c'est délicat et… j'ai fait une boulette. Non, je n'ai pas posé à poil. C'est pire. Je n'ai jamais pris mon assiette en photo. L'erreur du débutant. Même Benoît Hamon a déjà pris une photo de son kebab. Mais après il a foiré, il l'a postée sur Twitter. Sur Twitter, tu ne photographies pas ton kebab, tu l'insultes : « Retourne sur ta broche », « Va te faire encroûter », etc.

Dans la société de l'image, il y a plus emmerdant que de rater son clafoutis : il y a rater la photo de son clafoutis. Vous vous rappelez quand on allait faire développer nos clichés sur papier ? Jamais on n'aurait pensé un jour immortaliser des lasagnes. Et puis à l'époque, un développement vingt-quatre poses valait plus cher qu'un lunch chez Maxim's.

Je suis vieux jeu, je m'en rends compte. Mais depuis que je suis gamine, on me fait la leçon : « Mêle-toi de tes oignons », « Regarde dans ton assiette ». Et aujourd'hui, même Kim Kardashian me force à regarder dans la sienne. Je sais que je ne dois plus dire que « je sors dîner », mais que

« je vais vivre une expérience ». Et ce n'est pas galvaudé, parce que l'autre jour, j'ai vécu une expérience dans un restaurant « instagrammable » (c'est un resto qui mise plus sur la déco que la cuisine et où il est recommandé de commander deux plats : un pour le bouffer, l'autre pour le photographier). J'y ai surpris une cliente debout sur sa chaise, parce que sinon, sa pizza ne rentrait pas dans le cadre. Quand le chef a débarqué pour lui demander de descendre, la meuf lui a suggéré de faire des pizzas carrées.

Dans la société de l'image, si tu n'as pas photographié ta pizza, c'est comme si tu ne l'avais jamais mangée. Il paraît même qu'elle est meilleure si tu l'as prise en photo avant.

Le jour où on verra une influenceuse sortir son spray pour vaporiser sa batavia avant de la prendre en photo, je pense qu'on aura atteint la fin de la civilisation. Si Michel Houellebecq voit ça, il se tranche les veines avec un exemplaire de *Télé 7 Jours*.

Aujourd'hui, en France, il y a des cheeseburgers qui ont plus de succès que n'importe quelle photo d'Arielle Dombasle sur Instagram. Rappelez-vous cette publicité pour Madrange, « mon jambon star ». On aurait dû se méfier. Dans certains restos aujourd'hui, les yeux sont vraiment plus gros que le ventre. D'ailleurs, quand dans un établissement le chef de cuisine devient moins important que le community manager, c'est que ça sent le brûlé.

Joconde super host

OK, donc si je comprends bien, maintenant, au Louvre, on fait aussi de l'hôtellerie ? Il y a des gens qui viennent carrément crécher dans ma piaule sous prétexte qu'ils ont gagné un concours AirBnB ! Déjà que j'me tape les hordes de touristes toute la journée, et là, vous êtes tranquillement en train de m'expliquer qu'il faut en plus que je continue à sourire toute une nuit, devant deux andouilles qui sirotent un spritz ? Apparemment, j'ai intérêt à être aimable, sinon c'est un coup à se retrouver avec des mauvais commentaires sur TripAdvisor !

Il faut vraiment que votre ministre de la Culture arrête de déjeuner avec celui de l'Économie, parce que ça ne va plus du tout, là. Je vous rappelle que c'est avec des idées pareilles qu'aujourd'hui, en France, les gamins sont persuadés que Picasso, c'est une vieille Citroën !

L'an dernier, j'ai déjà servi de décor dans un clip de Jay-Z et Beyoncé. Donc maintenant, il ne suffit plus d'avoir été peinte par Léonard de Vinci ? Aujourd'hui, si à cinq cents ans t'as pas tourné dans un clip de rap, t'as raté ta vie d'œuvre d'art, c'est ça ? Au Louvre, on a des tableaux de Michel-Ange et de Géricault. Pourtant tout ce qui intéresse les gens, c'est de refaire la chorégraphie de Beyoncé devant les tableaux pour les poster sur Instagram ! Et encore, on a évité le pire. Imaginez un peu le merdier si ç'avait été Christine and the Queens ?

Au Louvre, ils veulent qu'on soit dans le coup ! Mais je suis une œuvre d'art, moi ! J'ai *toujours* été dans le coup ! Allô ? *Je suis la Joconde !* Même Lady Gaga elle peut pas test, OK ?

Donc si j'en reviens à la soirée qui m'attend : le 30 avril, je prends l'apéro avec des inconnus dont la conversation m'ennuie par avance. Comme d'hab, je vais rester dans mon coin et faire semblant de sourire. On savait que c'était la crise du logement à Paris, mais on ne savait pas que ça allait arriver jusque chez nous ! *Hidalgo, démission !*

Ensuite, pour le dîner, la table est dressée devant la Vénus de Milo. On en a parlé, elle est au courant. Elle m'a dit : « Les bras m'en tombent ! » (Oui, on fait des petites blagues entre chefs-d'œuvre.)

Vous comprenez, l'avènement du smartphone, c'est terrible pour nous. Je ne me souviens même plus du jour où un visiteur m'a regardée droit dans les yeux. J'ai été fabriquée par un génie, j'ai une valeur inestimable et aujourd'hui je ne suis pas mieux considérée qu'une vedette de téléréalité.

Paris-Dakar-Djeddah

Depuis 2020, le rallye Paris-Dakar se déroule en Arabie saoudite. C'est du génie. Je rappelle que si le Paris-Dakar ne relie plus Paris à Dakar, c'est pour éviter la Mauritanie, en proie au terrorisme. Donc, si je comprends bien, à présent qu'on va organiser la course chez ceux qui sont soupçonnés de financer le terrorisme, ça va mettre les bagnoles à l'abri.

Dans un premier temps, la course avait émigré en Argentine, au Pérou puis au Chili. Mais maintenant qu'on a un peu fait le tour des pays en crise – les politiques d'austérité, ça va bien un moment –, le rallye va migrer une fois de plus. On dirait un milliardaire à la recherche du meilleur paradis fiscal.

L'Arabie saoudite, donc. Le royaume a envie d'améliorer son image. Seulement l'image. Parce qu'il y a encore quelques petits trucs dans le pays qui piquent encore les yeux et ça n'a rien à voir avec le sable. C'est marrant d'imaginer qu'on puisse donner une vision moderne de son pays en important la plus grosse concentration de beaufs de la planète. Après, dans un endroit qui a encore des mœurs du

Moyen Âge, faire venir un truc des années 80, je comprends que ça puisse être considéré comme moderne. Mais foin de mauvais esprit, pour une fois que l'Arabie saoudite veut donner un coup de fouet à son image et pas à un de ses habitants, on peut saluer l'effort.

Je sais, les mecs à l'organisation de la course, leur truc c'est la mécanique, pas la géopolitique. On ne peut pas leur en vouloir. C'est vraiment dommage qu'il n'y ait pas de désert en Corée du Nord, parce que sinon y avait un bon coup à jouer pour Kim Jong-un. En revanche, s'il y a une étape qui passe par le Yémen, il faudra bien penser à blinder les vitres des bagnoles (cela dit, ça promettrait du beau spectacle).

Alors, vous me direz, l'Arabie saoudite, pourquoi est-ce qu'on n'y a pas pensé plus tôt ? C'est quand même très pratique quand tu dois faire le plein. Et organiser une course de blaireaux au volant dans un pays où les femmes ont à peine le droit de conduire, il y a difficilement plus cohérent. De toute façon, le bousin est impossible à greenwasher, alors autant appuyer sur le champignon en klaxonnant dans les dunes. Et puis la France fournit déjà des armes à l'Arabie saoudite, alors pourquoi pas des grosses bagnoles ?

Moi, tout ce que j'en dis, c'est que du moment que les journalistes qui couvrent le rallye ne doivent pas pénétrer dans un consulat d'Arabie saoudite pour le visa, ils peuvent espérer revenir entiers. Et là où ça va vraiment valoir le coup, c'est lorsque, à l'arrivée, le vainqueur pourra sabrer le champagne avec un vrai sabre. Il faudra juste ne pas oublier d'essuyer le sang sur la lame. Sinon ça gâche le pétillant.

Dernier selfie

Un touriste saoudien a perdu la vie en prenant un selfie : il s'était trop penché au bord du Nil et il est tombé à la flotte, comme Narcisse. Mais avec son smartphone. Cet homme ajoute son nom à tous ceux qui sont tombés pour Instagram. Une étude publiée début 2019 a recensé 259 décès en six ans, dus à des selfies trop périlleux. Chaque époque a le désastre qu'elle mérite : la peste, le choléra ou l'autoportrait. On a toujours dit que le ridicule ne tue pas, mais j'ai comme l'impression qu'il a décidé de s'y mettre. Parce que le « selficide » tue désormais plus que les attaques de requins.

Avec les réseaux sociaux, on assiste au concours de celui qui va faire le truc le plus dangereux : une photo à côté d'un ours, une photo à côté d'un lion, ou une photo à côté d'Alain Minc à la Fête de l'Huma. Les gens sont prêts à tout pour épater leurs followers.

La palme revient à ce Mexicain qui s'est pris en photo avec un pistolet sur la tempe dans une main et le téléphone dans l'autre, en actionnant le mauvais doigt. Attention également si vous prenez un selfie armé d'un pistolet à eau, dans le cas de Benalla ça a provoqué une mort sociale.

Et puis pensez à la gêne de l'entourage de ces gens disparus d'une façon aussi tarte. Quand on leur dit : « Mais qu'est-ce qui est arrivé à Michel ? Il avait l'air tellement en forme samedi dernier ! » Il faut expliquer que Michel a été assez con pour se tuer en se prenant en photo. Bonne chance pour l'oraison funèbre : « Michel, tu pars en laissant derrière toi des milliers de souvenirs sous ton meilleur profil, le droit. Toujours souriant, avec cette expression que nous connaissions tous puisque c'était la même sur tous tes posts Instagram. Cette fois-ci, c'était celui de trop. Tu n'aurais pas dû tourner le dos à ce cobra royal lors de ton séjour en Thaïlande, mais malheureusement, tu étais trop passionné. Passionné par les serpents, passionné par la photo et, surtout, passionné par toi-même… Tu serais si heureux, Michel, de voir aujourd'hui tous les likes sous ton dernier selfie. Tes 234 followers sont aujourd'hui orphelins. La vie sans toi paraît triste comme un filtre sépia. Malgré tout, nous te savons en paix, car tu pars accompagné de ce qui t'était le plus cher : ta perche à selfie et ton iPhone 7. N'oublie pas, une fois arrivé au paradis, d'essayer de gratter une photo à côté de saint Pierre.

« Voilà, bon… Qui veut prendre un dernier selfie avec Michel ? C'est le moment, là ! »

Est-ce qu'un héros ça prend des selfies ? Est-ce qu'Indiana Jones, quand il trouve le Graal, il fait un selfie avec ? Non ! Le véritable héros reste humble. La prochaine fois que vous voulez faire un selfie à couper le souffle, réfléchissez bien : ça pourrait surtout couper le vôtre.

Lutte des classes

Le tennisman Lucas Pouille s'est emporté contre les loges clairsemées à Roland-Garros, car les spectateurs invités préfèrent, dit-il, « boire du champagne plutôt que de regarder les matchs ». Plus chic que d'être invité à Roland-Garros, il y a : être invité à Roland-Garros sans aller voir les matchs. Ça veut dire que quand on est VIP, une très importante personne, on peut se payer le luxe d'ignorer les plus grands spectacles, et avoir la chance de dire : « *J'y étais!* Et en plus j'ai rien vu, tellement j'en ai rien à foutre, tellement je suis invité partout ! » Tandis que tout en haut des gradins, les passionnés de tennis ne décollent pas de la journée en mangeant des sandwichs triangle dont les miettes finissent par ruisseler jusqu'aux premières loges désertées.

Il a raison, Lucas Pouille, ça fait mal au cœur tous ces sièges vides. On est à Roland-Garros, on n'est pas à l'Assemblée. Vous me direz que dans les deux cas, un Balkany vous manque et tout est dépeuplé. Mais depuis quelques années, cette situation choque même les journaux étrangers, le *Washington Post* s'est déjà fendu d'un article sur le sujet, parce que c'est flagrant quand on voit les images à la télé : déjà qu'il n'y a pas beaucoup de Français sur le terrain, si en plus, il n'y en a plus dans le public, où va-t-on ?

Le tarif de location d'une loge six places pendant la quinzaine est de 90 000 euros. On y cause moins amorti derrière le filet qu'amortissement des intérêts. Le court central, c'est le temple du business. Les types qui reçoivent une loge en cadeau chaque année sont blasés : « Oh non… Encore des places pour Roland-Garros, comme l'année dernière ! » Ils ne savent tellement plus quoi faire des billets d'entrée qu'ils s'en servent comme post-it. Pourtant, inviter un client espagnol à une rencontre Nadal/Gasquet, c'est l'assurance qu'il passera un bon moment.

Pour certains VIP, cette période de l'année est un rituel. D'abord, ils passent quelques jours à Cannes, pour ne pas aller voir les films. Et ensuite, ils filent à Roland-Garros afin de ne pas voir les matchs. D'ailleurs, vous savez ce qu'on dit : aller à Roland-Garros quand on n'aime pas le tennis, c'est un peu comme aller au Festival de Cannes quand on n'aime pas la cocaïne.

Voilà pourquoi les gens qui aiment passionnément le tennis ne trouvent pas de place, et comment ceux qui s'en foutent en ont une, mais ne l'occupent pas. On dirait une allégorie de la crise du logement. Et si j'étais mauvaise joueuse, je dirais à Lucas Pouille que le champagne, pour les Français, c'est peut-être le seul truc qu'ils ont trouvé pour être sûrs de tenir une coupe dans les mains.

Camembert akbar

Ouais, j'ai été achetée par le Qatar ! Quand j'ai vu que le pays voulait importer des vaches pour faire face au blocus du lait par les pays voisins, je me suis dit : « Marguerite, ce job est pour toi ! » et depuis, j'ai rejoint l'exploitation en plein milieu du désert. Vous verriez la ferme, c'est le PSG de l'industrie laitière ! Ici, nous les vaches sommes formées pour devenir les Neymar du lait battu, les Mbappé du camembert. C'est pour ça que mes parents n'ont pas eu trop de mal à me laisser partir, d'autant que mon père a fini en tartare et ma mère en bavette d'aloyau. Moi qui ai passé ma jeunesse à regarder passer des trains, quand on m'a proposé de prendre l'avion, j'ai pas hésité.

Globalement, j'ai fait un bon vol, ils ont même diffusé un film, *Massacre à la tronçonneuse*. J'ignorais si je devais y voir un message, alors dans le doute, mon lait a tourné. Mais bon, j'avais envie de changer de vie. Je n'arrêtais pas de ruminer ma situation. Alors je me suis dit : « Marguerite, t'es en train de t'encroûter dans ton pré. Tous les jours c'est *enclos, lait bio, dodo.* Est-ce que tu n'irais pas voir si l'herbe n'est pas plus verte ailleurs, au Qatar ? »

Alors, c'est vrai, il fait 50 degrés dehors, il vaut mieux pas mettre une patte à l'extérieur : la dernière fois, y a Béatrice qui a essayé de prendre la fuite, on l'a retrouvée trois mètres plus loin complètement grillée. Mais bon, après, j'me dis que d'ici quelques années, il fera aussi 50 degrés en Normandie, donc autant prendre les devants et partir, pour me trouver un petit endroit frais et totalement high-tech ! Et puis c'est normal que les animaux qui ont un peu d'ambition partent bosser à l'étranger.

L'avenir se joue ici ! Pour le Mondial, je suis aux premières loges, il y a un stade qui est en train de se construire juste à côté de la ferme. S'ils ont besoin d'ouvriers étrangers pour construire des stades de foot, ils ont besoin de vaches pour produire du lait, ça se tient.

Toutes ces infrastructures juste pour nous, avec des brumisateurs et tout, on se croirait dans un hammam, j'ai l'impression d'être en thalasso à l'année. Ici, c'est une sorte de Center Parcs pour les vaches. Il est même question de nous installer le wifi. Franchement, on n'est pas bien, là ? Paisibles, à la fraîche, décontractées du flanc ? Et on broutera quand on aura envie de brouter.

Et puis je n'ai pas envie de finir en faux steak haché qu'on donnera aux pauvres, je vaux mieux que ça. On a une dignité, nous les vaches, contrairement à vous. D'ailleurs, vous savez que chez les animaux, le langage est inversé ? Quand on dit de quelqu'un qu'il fait preuve d'humanité, c'est pour dire que ça va être une sacrée boucherie.

Désobéissance

Des militants écologistes baptisés « les décrocheurs » subtilisent le portrait du président dans les mairies, en laissant le mur vide, pour attirer l'attention sur la vacuité de son projet écologique. Alors qu'il suffit d'écouter la radio pour s'en rendre compte. Ce n'est pas en décrochant un portrait de Macron qu'ils vont sauver une baleine à bosse, mais bon, ils ont essayé les manifs, ça ne marche pas ; les tribunes de scientifiques, ça ne fonctionne pas non plus ; et les chansons de Yannick Noah, aucun résultat.

Devant le tribunal correctionnel de Lyon, Fanny et Bruno étaient accusés de « vol en réunion, avec ruse » (Macron, t'es foutu, les écolos sont dans la ruse !) car ils avaient prétexté leur futur mariage pour repérer les lieux. L'histoire ressemble à *Ocean's Eleven*, sauf qu'à la place de braquer un casino, ils volent une photo de Macron. Avant, l'insurrection, c'était des barricades et du sang. Aujourd'hui ça ressemble à une émission de Valérie Damidot.

Au moment du procès, en septembre 2019, des dizaines d'activistes avaient décroché 128 portraits officiels du président, ce qui avait causé 74 perquisitions, 94 gardes à vue, et plusieurs tests ADN, tout ça pour des actions non violentes. Alors que la police essayait péniblement d'écouler ses stocks de LBD et de lacrymos ! C'est vraiment l'épisode des *Experts* le plus nul qu'on ait jamais vu.

Pourtant, il fallait sanctionner ces individus. Qu'ils servent d'exemple, ces gens qui ne respectent rien et qui mettent leurs doigts tout gras sur les jolis cadres dorés de l'administration française. D'autant que ces délinquants se gaussent dans les médias : « On l'a descendu de son piédestal ! » Oui, mais après, vous trouvez qu'il « n'est pas à la hauteur », alors faudrait savoir ! C'est pas la cohérence qui vous étouffe ! On sait comment vous êtes, vous, les Français : vous commencez par décrocher des portraits, puis vous finissez par décrocher les têtes de vos dirigeants !

Un exemple de plus de manque de respect. Aujourd'hui, on vit dans l'indiscipline générale : les gens décrochent les portraits du président, les profs ne veulent plus corriger les copies du bac, et bientôt on verra des parlementaires sécher des séances dans l'hémicycle.

Le procureur a requis 2000 euros d'amende par tableau décroché. Quand on sait que le même portrait officiel de Macron est vendu 9,90 euros à la boutique de l'Élysée, l'État réalise une belle plus-value. Avec ces actions de désobéissance civile, les activistes pensaient sauver la planète, mais ils vont peut-être pouvoir reboucher le trou de la Sécu.

Mètre carré or

À Paris, le prix moyen du mètre carré a franchi la barre symbolique des 10 000 euros. Alors réfléchissez bien, parce qu'à ce niveau-là, si vous achetez un appartement aujourd'hui, ce sont vos arrière-arrière-arrière-petits-enfants qui finiront de le rembourser. Réfléchissez bien. Si vous avez 10 000 euros de côté, vous avez deux possibilités : soit acheter 1 m² à Paris, soit acheter tout un village en Ardèche.

Moi, comme tous les Parisiens, je viens de réaliser que le prix d'achat de mes toilettes atteint 15 000 euros. C'est-à-dire que dans nos apparts, au sol, chaque lamelle de parquet, c'est un billet de 500. Voilà, en gros, dans les apparts à Paris, on marche sur des billets de 500 !

Tout prend de la valeur à une vitesse… Pour vous dire, la semaine dernière, j'avais mon lave-linge à revendre. Normalement, j'aurais dû en tirer 200 euros maximum. Mais comme il a occupé 1 m² à Paris pendant quatre ans, je l'ai mis sur le Bon Coin à 1 500 boules et il est parti dans l'heure. Pourquoi Stéphane Plaza s'emmerde encore à faire de la télé ?

En arrivant ce matin au boulot, j'ai réalisé : la Maison

de la radio compte 20 000 m^2, donc on est sur du 200 millions d'euros. Le prochain prince du Qatar qui passe, on est revendus, et après on va nous reloger en banlieue, comme le PS ! Vous vous rendez compte ? On vit dans une ville où même Benjamin Griveaux n'a pas les moyens d'acheter. Et quand Cédric Villani dit qu'il va se déclarer candidat dans un petit café, un endroit tout simple… Mais un endroit tout simple à Paris, c'est un bar où le café c'est un frappuccino latte vanille à 12 euros.

Alors, les gens qui habitent en banlieue râlent : « Nous, on met deux heures de transport pour venir travailler dans une ville où on n'a pas les moyens d'habiter. » Oui, mais en contrepartie, ils bossent dans des endroits qui valent 10 000 boules le mètre carré, ça vaut le coup de claquer la moitié de son salaire en essence, non ? Et encore, dans le 7e arrondissement, c'est 12 000 : dans le dressing de Rachida Dati la place que prend la boîte à chaussures vaut plus cher que la paire de pompes qu'il y a l'intérieur.

C'est pour ça que les Parisiens vivent dans leur salon. Et quand on prend le métro, on se rend compte qu'ils n'ont déjà plus les moyens d'avoir une salle de bains. Ils se font livrer des repas parce qu'ils n'ont plus de cuisine. Quant à dormir dans une chambre, c'est trop risqué, ils pourraient avoir des enfants et ensuite être obligés de quitter Paris. Résultat, quand t'es parisien tu fais du coworking, du covoituring, du colocating : en gros t'es heureux de pouvoir encore aller aux chiottes tout seul.

PMA post mortem

L'amendement « PMA post mortem » du projet de loi sur la bioéthique a été rejeté en commission à l'Assemblée. On parle de cas extrêmement rares de couples dont l'homme a congelé son sperme avant de mourir et dont la veuve souhaite se faire inséminer. Cette pratique doit être très bien cadrée : déjà, ne jamais recongeler un produit décongelé, c'est la base. De toute façon l'amendement n'est pas passé.

Et heureusement pour la frange dure des catholiques, les gens de la Manif pour tous. Ils s'étaient préparés à manifester, mais c'était une galère pas possible pour refaire toutes les pancartes. Car, dans ce cas, un enfant, c'est « Une maman + un papa *vivant* ». Non, vraiment, la seule chose qui pourrait les faire changer d'avis sur la PMA post mortem, ce serait qu'on retrouve du sperme de Jésus.

Oh, ça va ! Ne faites pas vos choqués ! Vous avez vu en Inde cette femme qui a mis au monde son bébé à l'âge de soixante-treize ans ? Il y a des choses plus graves dont la science est responsable : le clonage de mouton ou le visage des frères Bogdanov, par exemple. On voit bien qu'on est déjà allé trop loin. À moins d'autoriser la PMA post mortem seulement si la veuve parvient à cloner son mari. Ah ! On est sur un sujet très sensible, là. On ne parle pas d'une bête évasion fiscale ou des petits problèmes d'écologie. Ici il faut que toutes les précautions soient prises, c'est complexe.

Pour résumer, le débat se pose en ces termes : « Vaut-il mieux donner la vie quand on est mort que donner la mort quand on est en vie ? » Vous avez deux heures. Moi j'ai deux pages, alors je fais ce que je peux. Si j'avais choisi de vous parler de la PMA post MoDem, là, évidemment, c'eût été plus facile.

Soit. L'amendement sur la PMA post mortem a été rejeté, car on considère qu'il va à l'encontre de l'intérêt supérieur de l'enfant. Un enfant qui n'aurait pas connu son père aurait du mal à se construire.

C'est vrai, Dieu sait ce que serait devenue Marine Le Pen si elle n'avait pas connu son père !

Mais allez, terminons ce sujet sur une note positive. J'ai une très bonne nouvelle : j'ai retrouvé du sperme de Jaurès ! De quoi sauver le Parti socialiste ! (Appelez Glucksmann, ils ne sont plus trois au PS, mais bientôt quatre.) Avec ça, on rebat toutes les cartes de l'échiquier politique de la France d'ici 2040.

Hé oh, ça va ! Faites pas vos mijaurées… si ça avait été le sperme de Johnny, là, on décimait toute la Fédération des notaires. Vous imaginez le casse-tête de l'héritage ?

Après l'appli le beau temps

Selon *Le Figaro*, le président de la République utilise une application smartphone pour surveiller l'avancement du travail de ses ministres. L'appli aurait pu s'appeler « Gouvernéo », mais elle a été baptisée « Le Tableau de bord de la transformation publique ». Un truc d'énarque. Elle est pilotée par le secrétaire général de l'Élysée. (Si, si, vous le connaissez : Alexis Kohler, c'est le monsieur qui était visé par une enquête du parquet financier pour conflit d'intérêts. Comme l'affaire a été classée sans suite, ça lui libère un peu de temps pour faire le data center du gouvernement.)

Le fonctionnement est simple : le président entre son login (manu@elysee.fr) et son mot de passe (« Benalla »), il entre une thématique, par exemple « Où en est la réforme des retraites ? », et hop, un pourcentage indique l'avancement du dossier. Il paraît que cette application fait trembler les ministres. C'est dommage, parce qu'au départ, c'était conçu pour créer une émulation… Exemple : Agnès Buzyn qui arrive toute contente au Conseil des ministres : « Hé hé ! Le chef a liké mon boulot parce qu'il a vu qu'il y avait 2 %

de burn-out en moins chez les infirmiers cette semaine ! » Et là, on sent bien que la ministre est responsabilisée.

Donc, les mecs au fond de la classe, là, ceux qui se baladent tout le temps avec un dossier sous le bras mais qui ne branlent rien, ceux qui passent leur temps sur les chaînes d'info à dire : « Nous sommes au travail. » Eh bien maintenant, vous ne tromperez plus personne ! En tout cas pas Macron.

Allez, on teste l'appli : alors… « Outre-mer » (mouais), « Sport », « Culture »… Tout ça on s'en fout, c'est pas important… Ah, voilà : ministère de l'Intérieur ! On en est où ? *ALERTE* « Christophe Castaner est actuellement à proximité d'un établissement de nuit. Souhaitez-vous lui infliger une décharge de 80 volts via son bracelet connecté ? » On peut tout contrôler en temps réel ! On peut vérifier à distance le stock de LBD et connaître le ratio de blessés graves, bref, obtenir instantanément toutes ces informations qui semblaient manquer au président jusqu'à présent.

C'est comme s'il pouvait contrôler le fonctionnement du pays à partir de son smartphone. Peut-être même que quand il est aux toilettes, plutôt que de regarder des stories sur Instagram, il réforme la France. De ses chiottes. En fait, le seul moment où les ministres peuvent souffler, c'est quand Macron n'a plus de batterie.

Comme l'appli est créée sur mesure, il peut ajouter des fonctionnalités : *ALERTE* « Nicole Belloubet vient de remplir sa déclaration de patrimoine. Souhaitez-vous la consulter avant validation ? »

Il devrait aller au bout du concept et faire un système

par points. Une mise en examen : – 5 points. Une boulette dans les médias : – 3 points. Un selfie avec des homards : – 20 points.

Vous me direz : « OK, mais qui surveille le travail de Macron ? »

Très vieux monde

Un roman inédit de Sagan. On en est sûr ? Vous n'allez pas me dire « Ah pardon, on a mal lu, en fait c'était un roman de Philippe Séguin » ? Je n'ai rien contre Philippe Séguin, mais ce ne serait pas pareil. OK, bon ben génial. Peut-être qu'on peut expliquer aux plus jeunes qui ne connaissent pas bien Sagan que c'est comme si on venait de retrouver un album posthume d'Amy Winehouse. Sauf que là, ça va secouer le monde de la littérature : c'est plus fort que si on venait de retrouver une comédie romantique écrite par Michel Houellebecq.

En ce moment, chez les descendants de Marguerite Duras, on est en train de tout retourner de la cave au grenier. Ils doivent se dire : « Et nous, elle nous a rien laissé, mamie ? Y aurait pas une liste de courses qui traîne ? »

L'onde de choc, en pleine rentrée littéraire ! Quand on pense à tous les sacrifices qu'a faits ce pauvre Yann Moix pour qu'on parle de son bouquin. Dénigrer sa famille, s'automutiler en public, pour finalement être éclipsé comme ça par une femme de bien plus de cinquante ans. Il doit se dire : « Ah d'accord, si aujourd'hui faut être mort pour vendre des livres, ben OK, au prochain, je me jette sous un train. »

Un inédit de Sagan ! C'est super. C'est raté pour se le faire dédicacer, mais soit. *Les Quatre Coins du cœur*, c'est le titre… On dirait la suite d'*Hélène et les garçons*. Avouez que ce titre est un peu décevant. On n'aurait pas pu appeler ça *Rebonjour tristesse* ?

C'est l'histoire d'un homme qui tombe amoureux de sa belle-mère. Comme quoi il aura fallu attendre tout ce temps pour voir Françoise Sagan s'attaquer à la science-fiction. Mais tiens, au fait ? On est sûr que c'est Françoise Sagan qui a écrit ? Non parce que parfois y a des entourloupes : on se rappelle que sur l'album posthume de Michael Jackson il y avait trois chansons où c'est pas lui qui chantait.

J'imagine la frustration des jeunes auteurs qui sortent leur premier livre : « Ah bah super, me voilà face à Sagan ! C'est quoi le prochain scoop, un manuscrit du *Malade imaginaire 2, le Retour d'Argan* ? »

En revanche, si Sagan était encore parmi nous, je ne vois pas dans quelle émission elle serait allée parler de son livre… « Alors, Françoise, le roman, rassrah ou darka ? » « Eh, Françoise, ça vous dirait d'être chroniqueuse chez Ruquier ? »

Championnat de la clim

C'était une riche idée d'organiser les Mondiaux d'athlétisme à Doha. Au bout de dix minutes, je me suis dit : « Ça va aller, il y a juste que tu viens de marcher sur un paquet de chewing-gums. » Mais non, c'étaient les semelles de mes baskets qui avaient fondu. Au moment où je vous parle, j'ai encore le numéro 27 tatoué dans le dos. Avec la chaleur, ici au Qatar, mon dossard s'est thermocollé à la peau, impossible de l'enlever. Et la semaine dernière à l'entraînement, j'ai tellement sué qu'un responsable local m'a demandé combien j'avais fait au 100 mètres nage libre ! Ils ne maîtrisent pas trop les épreuves… On ne compte plus les abandons, une hécatombe. On n'avait pas vu autant de souffrance depuis la primaire de la gauche.

Le seul endroit où on capte un peu d'air, c'est à côté de l'épreuve du lancer de marteau. À force de faire des tours sur lui-même, l'athlète fait un petit effet ventilateur qui n'est pas désagréable. Et alors bien sûr on a quelques cas de dopage, comme cette athlète russe qui avait caché des glaçons dans son short.

Tu rentres à l'hôtel, il fait 15 degrés ; tu sors, il en fait 42. Ensuite, tu prends le bus, tu retombes à 16, et quand tu arrives enfin aux abords du stade, tu frôles les 40… C'est les Championnats du monde du choc thermique : à la fin ils vont remettre la médaille d'or à celui qui a le plus de fièvre. C'est inhumain d'infliger une telle torture à des gens. On est des sportifs, merde ! Pas des ouvriers qui bossent pour construire les stades ! On les connaît, on les croise, puisque le Qatar organise la prochaine Coupe du monde.

Le stade, ils l'ont carrément climatisé avec trois mille bouches de soufflerie. S'il n'y avait pas la clim, ce serait plus un stade, mais un four à chaleur tournante. Et ce serait plus des athlètes qu'il faudrait mettre dedans, mais des gigots.

Le seul endroit où les gens ne se plaignent pas de la chaleur, c'est dans les tribunes. Parce qu'il n'y a personne dedans. Enfin, presque. Il y a quand même tout le personnel médical. En revanche, je n'ai pas l'impression qu'ils profitent du spectacle : on les appelle toutes les deux minutes pour évacuer un sportif qui fait un malaise.

Le jour où les Qatariens seront autant intéressés par le sport que la Fédération d'athlétisme est intéressée par l'argent, les tribunes seront pleines. Tout s'achète. Les organisateurs ne manquent pas d'air, contrairement aux athlètes. Je ne serais pas étonnée que l'Arabie saoudite organise les prochains JO d'hiver. Alors qu'on aurait pu organiser les Mondiaux d'athlétisme au Parc des Princes – le stade appartient déjà au Qatar !

En fin de compte, ça nous donne un aperçu de ce à quoi

pourront bien ressembler les Championnats d'Europe dans cinquante ans. En attendant, le seul record qui aura été battu au Qatar, c'est celui de l'absurdité.

Le cadeau à la Koons

Le *Bouquet de tulipes* de Jeff Koons trône désormais aux abords des Champs-Élysées : une main, onze tulipes colorées, un cadeau de l'artiste à la France. Dimanche, j'avais décidé d'aller au Louvre. Et puis j'ai fait un crochet pour voir les tulipes et là… le choc esthétique ! La magie de la beauté. J'ai été littéralement cueillie par l'émotion. J'en ai même oublié d'aller au Louvre. Je suis restée là à réfléchir, parce que le rôle de l'art, c'est de faire réfléchir. Et en effet, rien que pour trouver un emplacement pour la sculpture, il a fallu deux ans de réflexion à la Mairie de Paris (pour savoir où on allait la planquer, essentiellement). Chapeau, l'artiste !

C'est un cadeau des États-Unis à la France : 60 tonnes et 13 mètres de haut, c'était foutu pour le revendre sur le Bon Coin. Mais alors, pourquoi ne pas l'avoir placé devant l'autre grand cadeau que les États-Unis ont fait à la France ? Devant Disneyland Paris, à Marne-la-Vallée ? Je rappelle que nous, on leur a offert la statue de la Liberté. Et nous, on a livré toute la statue, pas seulement la main qui brandit la torche.

Mais bon, les tulipes, c'est plein de couleurs, un peu saturées… C'est tellement parfait pour Instagram, il n'y a même pas besoin de filtre, on croirait que c'est fait exprès. Les gens se prennent en selfie, ou font semblant de donner un bisou à une tulipe, c'est hyper bien foutu comme truc. Désormais, à mes yeux, il y a deux œuvres d'art qui valorisent énormément Paris : les tulipes de Jeff Koons et la grande roue de Marcel Campion.

Parce que y en a marre de l'art pour la provoc. Vous vous rappelez, à Versailles, Anish Kapoor, « le vagin de la reine » ? Et avant lui, place Vendôme, McCarthy, « le sapin en forme de plug anal » ? Et Jeff Koons : des tulipes… Le type qui a vécu avec la Cicciolina, il nous fait des tulipes ! Alors évidemment, il y a un philosophe, Yves Michaud, qui y a vu un bouquet « d'anus sur tiges ». Donc, de deux choses l'une, soit c'est Koons qui n'a jamais vu de tulipes de sa vie. Soit c'est le philosophe qui…

Heureusement, c'est cadeau, c'est gratuit. Sauf que Jeff Koons, il a juste griffonné le dessin et puis il a dit : « Voilà, madame Hidalgo, y a plus qu'à le construire et l'installer. » Et là, c'est 3,5 millions d'euros. Après tout, dans une ville où on peut boire un café à 8 euros en terrasse, pourquoi pas un bouquet de tulipes à 3,5 millions. Mais ça ne coûtera rien au contribuable, parce que ce sont des mécènes qui ont casqué, parmi lesquels Bernard Arnault et Xavier Niel. Qui vont défiscaliser… Donc, le contribuable, il l'a quand même un peu dans la tulipe, si j'ose dire. Du pur Jeff Koons, quoi. Et ses mécènes. Puisque les riches, eux au moins, ils savent ce qui est beau.

Chaud devant !

Le mouvement international Extinction Rebellion milite pour le climat, il s'est distingué en octobre 2019 en bloquant les routes dans soixante villes du monde, dont Paris, pour obliger les gouvernements à agir en faveur de l'environnement. Et alors ça, c'est *le* mouvement qu'avait parfaitement anticipé la France. Car *la* femme de la situation, c'est Élisabeth Borne : ministre de l'Écologie, elle est obligée d'être du côté des défenseurs du climat. Et en même temps, ministre des Transports, elle est obligée de les faire dégager fissa.

Ça a mis Élisabeth dans un de ces pétrins ! Toujours entre deux téléphones, un pour chaque ministère : dans son oreille gauche, elle a Macron qui la félicite de ne pas avoir condamné le mouvement et, dans l'oreille droite, elle a Macron qui l'engueule parce qu'il y a des rues barrées dans Paris. Tu m'étonnes que ses dossiers n'avancent pas. Elle ne sait plus si elle doit sauver la planète ou sauver la circulation. En fait, l'intitulé de son portefeuille, c'est « ministre de la Transition écologique et des Transports bloqués par la transition écologique ».

Cette pauvre Élisabeth est aussi tiraillée que Christophe Castaner quand il y a une soirée mousse au Macumba la veille d'une journée de manifestation. Je ne vois pas bien comment elle peut s'en sortir, Zabeth. À moins que les activistes décident d'organiser leurs sit-in exclusivement dans des zones piétonnes. Il est vrai que les Transports et l'Écologie sont liés. Un peu comme le ministère de l'Intérieur et celui de la Santé sont liés, dans le sens où, après une manif, le premier donne pas mal de boulot au second.

Extinction Rebellion a annoncé, un jour d'octobre 2019, qu'il y avait près de soixante actions de blocage autour de la planète. Que ce soit à New York, Berlin, Londres ou Paris, dans certaines zones des centres-villes c'est devenu compliqué de circuler. Cette fois, on ne peut pas tout mettre sur le dos d'Hidalgo (je signale au passage qu'Extinction Rebellion est né en Angleterre, un pays qui est déjà en train de nous foutre un beau bordel au niveau européen).

De son côté, Ségolène Royal a dit qu'il fallait « absolument réprimer ce groupe violent ». Il ne faut pas lui en vouloir, elle a certainement confondu avec Régression Extermination, un groupe de punk metal hardcore qui joue en bas de chez elle des trucs vraiment violents.

Mais les véritables activistes dont on parle, ils mènent des actions un peu partout dans le monde pour obliger la classe politique à arrêter de procrastiner. Parce qu'à force de tout remettre au lendemain, un jour il n'y en aura plus, de lendemain.

La société du caprice

Aux États-Unis, les livraisons express d'Amazon ont déjà provoqué la mort de plusieurs livreurs. En France, la course à la livraison provoque aussi des accidents parfois mortels. Vous avez acheté cet excellent livre en livraison express pour le recevoir le jour même, alors qu'il y a de grandes chances pour que vous le laissiez traîner sur la table du salon pendant deux semaines avant de l'ouvrir (pour ceux qui vont l'ouvrir). La société de consommation, c'était hier. Aujourd'hui, on vit dans la société du caprice : il nous faut tout, tout de suite. Et sans rien faire, s'il vous plaît. (Non, pas « s'il vous plaît », si on paie, c'est pas pour faire des politesses.)

On peut tout avoir sans bouger le petit doigt. Juste l'index, sur un écran. Et de ce petit coup d'index, on déclenche un monde magique : on peut contribuer au burn-out de dizaines de personnes en même temps. En une seconde, nous sommes capables de mettre la pression à des employés enfermés dans des entrepôts, obligés d'uriner dans des bouteilles parce que les toilettes sont à l'autre bout du hangar.

On provoque des ulcères aux personnes chargées de gérer l'expédition et en plus on met la vie des coursiers en danger. On dit que le client est roi, mais aujourd'hui, le client est surtout un dictateur nord-coréen.

Et ceux qui sont capables de camper pendant deux jours devant un Apple Store pour la sortie du nouvel iPhone sont aussi ceux qui ne supportent pas d'attendre vingt-quatre heures pour recevoir une livraison par Internet. C'est comme ça que le mouvement s'accélère : la dernière fois que j'ai commandé des sushis, j'ai vu un morceau de saumon qui bougeait encore. Et si vous voulez un burger chez Deliveroo et que vous précisez « saignant », il y a des chances pour que le coursier arrive dans le même état. À chaque fois qu'on commande un article, on devrait aussi commander un kit de premiers soins, pour que le livreur en ait au moins un sur lui. D'ailleurs, un syndicat britannique a cru bon de rappeler à Jeff Bezos que « les employés d'Amazon ne sont pas des robots ». Jeff est overbooké, il avait zappé. Eh oh, ça vaaa, ça arrive à tout le monde, c'est humain !

Admettons cependant : si on a oublié de faire un cadeau à son mari pour son anniversaire, le service express peut nous sauver. Après, c'est le risque que le livreur renverse votre mari en bas de chez vous en débarquant à 90 km/h pour respecter les délais. Ce qui résout votre problème de départ : l'oubli du cadeau.

J'avoue avoir déjà commandé une fois sur Amazon Express, c'était le livre *L'Esclavage pour les nuls*. Si on cumule les cadences effrénées, le suivi GPS des employés et la suppression des conventions collectives, tout ça pour un salaire de misère, c'est clair, Amazon cherche à relancer la vente des albums de blues ou de chants révolutionnaires : « DEBOUT, LES DAMNÉS DE L'UBER ! »

La femme de Vitruve

Bonjour, je suis Mme de Vitruve. Je voulais tout simplement réagir à cette information : la justice vénitienne a autorisé mon homme à venir en France pour participer à la grande exposition Léonard de Vinci. Je suis ravie qu'on reparte en voyage d'affaires. Ce n'était plus arrivé depuis 1822. Mon mari est tellement casanier ! Mais là ça va, on se sent en forme pour le départ, direction le Louvre. Vous avez vu le corps qu'il a, mon mec ? Cinq cent trente piges et il est toujours aussi parfaitement proportionné. Ça fait rêver, n'est-ce pas ? D'ailleurs, avec ses quatre bras, quand la Vénus de Milo va le voir… elle va en perdre la tête, c'est sûr.

Je suis rassurée de le suivre parce qu'au Louvre c'est rempli de meufs. La Joconde, par exemple, toujours à sourire à tout le monde, quelle allumeuse, celle-là ! Bon, après, ce serait horrible qu'il ait une liaison avec la Joconde, parce qu'ils ont le même père. Au début, je n'étais pas pour ce voyage. Vous les Français, dès qu'on vous confie quelque chose, vous gâchez tout ! On vous refile la pizza, et qu'est-ce que vous faites ? Vous mettez des ananas dessus. Et la crème fraîche dans les carbonaras, on en parle ? On ne peut pas vous faire confiance.

Et puis bon, excusez-moi, mais l'art et les Français, ça fait deux. Je le sais parce qu'on en voit plein ici, à Venise, des touristes français. Et vous savez ce qu'ils disent quand ils voient mon mari ? « Oh regarde, chérie, c'est le type de la pub Manpower ! » *Le type de la pub Manpower ?* L'humiliation. Lui qui fait des pieds et des mains pour être au top depuis cinq siècles. Non, vraiment, ce n'est pas du tout étonnant que Jeff Koons essaie de vous escroquer, vous le méritez.

J'ai mis mon mari en garde avant qu'il parte : « Surtout, n'oublie pas tes papiers. » J'ai pas envie qu'il se fasse arrêter par vos types en doudounes bleues, là. Ça, c'est un coup à finir dans la vallée de la Roya, accroché au mur de la cuisine de Cédric Herrou.

C'est là que je me suis dit : « On aurait dû vous envoyer un faux. » Bah, comme les policiers écossais, là, avec Xavier Dupont de Ligonnès. Le temps de compter pour savoir si mon homme a tous ses doigts pour les empreintes, avec ses quatre mains, vous auriez mis deux semaines ! Si seulement Léonard avait dessiné mon homme avec une barbe, une djellaba et des babouches, vous ne seriez pas tous là à vous battre pour l'avoir dans votre pays…

Bon, prenez bien soin de mon doudou, il est plus fragile que la cuisse de Neymar. Et plus cher aussi. Et puis il a son petit caractère, je compte sur vous : n'allez pas me le froisser.

Miss poilue

Miss Lorraine avait choisi de défiler en costume de poilu lors de la soirée des Miss France 2019. Mais face au tollé, elle y a renoncé. Geneviève de Fontenay fait part de son soulagement.

« Soulagée, c'est peu de le dire ! Défiler en tenue de poilu "stylisée" comme habit traditionnel lorrain, non mais dites ! C'est grotesque. Grotesque ! On n'est pas à l'Eurovision ici. C'est un concours de beauté, c'est pas Halloween (et je sais de quoi je parle).

« Vous imaginez Miss Lorraine habillée en soldat dire qu'elle est pour la paix dans le monde ? Et Miss Corse, alors, elle vient en cagoule ? Parce que si on se met à commémorer l'histoire, alors là, on demande à Miss Martinique de venir avec des chaînes aux pieds ! Hein ? LEQUEL d'entre vous A DIT : "Miss Lorraine est canon" ? Je vous ai entendu, je ne suis pas sourde !

« Parce qu'après ce sera quoi ? On va défiler en bikini dans les tranchées, c'est ça ? Je n'ai pas passé toutes ces années à surveiller leur épilation pour qu'elles finissent en poilus (oui, moi aussi je peux faire de l'humour, figurez-vous). Non mais vous aviez vu le costume ? Le pantalon est fendu jusqu'à… jusqu'au… la veste cintrée avec la croix de Lorraine dans le bas du bas du dos, pour attirer l'œil où il faut… Moi vivante, aucune Miss ne se baladera avec une croix de Lorraine sur le cul !

« Rendez-nous Jean-Pierre Foucault, merde ! Ils avaient pensé à un uniforme de poilu "revisité". Revisité, c'est n'importe quoi. C'est un uniforme militaire, pas une mousse au chocolat. Ah ben ça c'est les créateurs de mode. Des débauchés, ceux-là, aussi… Avec toute la drogue qu'ils s'envoient dans le pif, après il ne faut pas s'étonner qu'ils aient des idées pareilles. C'est pourtant pas compliqué, la mode : un petit couvre-chef, du noir et blanc, et on est à la pointe du style pendant cinquante ans.

« Sinon, moi j'ai un message pour tous nos soldats qui en ce moment risquent leur vie au Sahel et ailleurs : per-sé-vérez. Si vous avez de la chance, dans cent ans, vous aurez droit à l'hommage d'une Miss France. Ça va bien les motiver ça, tiens !

« Oui, je suis vieux jeu, oui, j'ai vécu la guerre, figurez-vous ! (Non, pas la Grande, ne soyez pas désobligeant.) Mais vous l'imaginez, la Miss costumée en poilu, à l'inauguration de la foire aux asperges de Saint-Genest-d'Ambière ? On y a une réputation là-bas, figurez-vous !

« De toute façon, moi je n'y comprends plus rien à cette époque. Vous savez quoi ? Parfois j'ai envie de prendre un billet d'avion pour partir à l'autre bout du monde, avec Alain Delon… »

Quotas

Le gouvernement a annoncé la mise en place de quotas d'immigration. Cette « immigration choisie » sera légale en fonction des besoins en main-d'œuvre des entreprises françaises. En préambule, je vais tout de suite mettre les choses au point : en matière d'humoristes, le quota belge est atteint. Cette précision étant faite, on peut s'attaquer au sujet.

Tout d'abord, c'est confirmé : le président Macron n'a pas fait que donner une interview à *Valeurs actuelles*, il en a profité pour suivre un coaching de la rédaction. J'ai presque de la peine pour Marine Le Pen qui désormais doit faire énormément d'efforts pour paraître plus à droite que Macron. Et c'est pas le pire ; Nicolas Dupont-Aignan a déclaré à propos des quotas : « C'est une mesure que je réclame depuis longtemps. » Ce qui se passe est donc très grave : on est en train de redonner espoir à Nicolas Dupont-Aignan.

Que nous disent ces quotas ? « On ne peut pas accueillir toute la misère du monde », sauf si la misère a un bac + 5 en informatique ou qu'elle maîtrise les travaux de terrassement. C'est un dossier que je connais bien : moi-même, en

Belgique, je viens d'une terre d'immigration, parce que dans les années 50, quand on disait « Il manque cinq cents pizzaiolos dans le Hainaut », allez hop, on nous envoyait cinq cents Italiens ! Attendez, j'ai dit « pizzaiolos » ? Je pense que je me suis gourée, c'était peut-être des mineurs. C'est pareil, vous aurez corrigé, c'était pas un four à pizza mais une mine de charbon, c'est kif-kif.

Tout ça pour dire que l'immigration choisie, en fonction du métier et non pas de la nationalité (ça ce serait dégueulasse), ça existe depuis longtemps : en France, on a vu débarquer des maçons portugais, des plombiers polonais et des chanteuses québécoises. Pour ce qui est des banquiers suisses, eux, on ne les fait pas venir, on se déplace pour ne pas les déranger. C'est juste qu'aujourd'hui tout ça sera mieux géré, tout sera centralisé par Interpol emploi. Et puis ça suffit, aussi : il faut que l'immigré se professionnalise, merde, y en a marre des étrangers amateurs !

Et là on entre dans le concret : par exemple, un migrant qui serait à deux doigts de se noyer dans la Méditerranée, s'il parvient à hurler « Je suis géomètre ! », alors, là, on a le feu vert de Muriel Pénicaud pour lui lancer une bouée.

Le gouvernement aura précisément la liste des métiers et filières « en tension », à ne pas confondre avec les métiers « en haute tension » comme les urgentistes, les policiers, les pompiers ou les profs. D'ailleurs, parmi les compétences recherchées, je propose qu'on ajoute chroniqueur télé. Juste pour que Zemmour puisse dire qu'il s'est fait voler son job par un immigré.

Voilà, en gros, le gouvernement veut faire son marché dans les pays en crise. Il faut dire qu'après la colonisation, comme il n'y a presque plus rien à piquer dans le sous-sol, il faut bien s'attaquer aux bras et aux cerveaux.

Clic à temps partiel

Les dizaines de milliers de « travailleurs d'Internet » sont des invisibles de l'économie numérique : ceux qui passent des heures à glaner quelques centimes d'euro sur des sites de promo, et dont je fais partie. Je suis ce qu'on appelle une « travailleuse du clic ». J'aurais bien fait coursière chez Deliveroo mais je n'ai pas de vélo et j'habite en pleine campagne. Je fais donc partie des 200 000 personnes en France, essentiellement des femmes d'ailleurs, qui gagnent un peu de sous en cliquant depuis leur canapé : je réponds à des sondages ou je note des pubs. Je peux gagner de 3 à 10 centimes par opération, mais parfois ça va jusqu'à plusieurs euros. Je fais ça pour arrondir les 15 du mois. Mais je préfère ne pas dire combien ça me rapporte en taux horaire, parce que je sais que le Medef est susceptible de lire ce livre et je n'ai pas envie de lui faire ce petit plaisir.

Je préfère ce travail déguisé à l'usine : ici au moins je suis chez moi, et quand je fais une pause je peux en profiter pour faire une lessive ou du repassage. Mais il faut vraiment que je sois vigilante. À force de cliquer partout, la dernière fois sans faire exprès, j'ai commandé une palette d'Actimel en promo. Depuis une semaine, toute la famille se nourrit exclusivement de yaourts à boire. Mon mari en a même fait une indigestion, il a un arrêt de travail depuis trois jours et ce n'est pas bon pour nos finances, ça. Du coup, je dois cliquer deux fois plus, et maintenant j'y passe aussi mes soirées. C'est pour ça qu'au moment où je vous parle je suis devant mon écran, au cas où tomberait une offre.

Par exemple, là, je vois une super mission : 5 euros d'un coup pour s'abonner à un site. Ça c'est rare, donc vite, je fonce ! Attendez… Ouh là non, c'est une mission pour devenir membre premium du blog de Morandini… Voilà, vous voyez exactement le genre de pièges dans lesquels on peut tomber.

Et le pire, c'est qu'en faisant ça, on entraîne les logiciels d'intelligence artificielle à devenir plus performants : donc déjà ces connes de machines nous piquent nos boulots, mais en plus c'est nous qui leur trouvons des débouchés !

Parfois on gagne 20 centimes en un clic, on se dit que c'est super, sauf que ce clic a des conséquences. Par exemple, il vous a inscrit sur un site qui va vous harceler en ouvrant plein de fenêtres du matin au soir et il vous faudra une heure pour remplir le formulaire de désinscription. Résultat, on pense avoir gagné 20 centimes mais on perd une heure.

Voilà comment on arrive à se débrouiller, même pas à la force du poignet, mais à l'agilité de l'index. Heureusement j'ai trouvé une p'tite crème antalgique en remplissant cette nuit un questionnaire sur l'hygiène de 220 pages. Je vous laisse, je dois partir à mon vrai boulot, je bosse en intérim la matinée.

Laisse les cuissardes à Venise

Après l'assaut de quatre grandes marées en une semaine, Venise, la ville sur l'eau, est devenue la ville sous l'eau. Comme quoi, une simple préposition peut tout changer (à moins que ce ne soit à cause du climat). Les dégâts s'élèvent à un milliard d'euros.

Venise, c'est 50 000 habitants et 36 millions de touristes par an. Ceux qui y sont pour la première fois sont doublement surpris. On leur avait vanté les canaux, mais de là à s'imaginer qu'ils traversaient le hall de l'hôtel… En Italie, on appelle cette grande marée l'*acqua alta*. À Venise, même une catastrophe naturelle sonne comme le nom d'un parfum.

Et en effet, c'est la ville du romantisme et des amoureux. Mais ça va être beaucoup moins évident d'emballer Micheline quand tu portes des cuissardes en caoutchouc. Et que dire de Jean-Louis, ce touriste français qui profite de son deuxième voyage de noces, alors que pour son premier mariage, il avait fait sa demande à Vaison-la-Romaine ?

Et puis il y a ceux qui contemplent le désastre depuis le pont de leur immense paquebot et qui doivent se dire : « Eh ben maintenant si on ne peut même plus commander un spritz place Saint-Marc, il va vraiment falloir faire quelque chose contre le changement climatique ! »

En attendant, la visite du palais des Doges peut s'envisager en jet-ski. Et une catastrophe en appelant toujours une autre, si ça se trouve Jeff Koons va offrir à la ville une sculpture… une main jaillissant du sol et qui tient un seau. Enfin, ne parlons pas de malheur… Et en parlant d'art, les Italiens ont bien fait de nous prêter l'Homme de Vitruve, sinon à l'heure qu'il est, il serait peut-être en train de faire la planche devant le palais des Doges.

On a hâte de voir la tête des responsables européens quand les premiers réfugiés climatiques vénitiens vont migrer sur nos côtes en vaporetto. Bientôt les pigeons de la place Saint-Marc auront tous été délogés par des mérous… c'est le grand remplacement à l'italienne. Tout a été inondé à Venise. Il y avait bien un projet de digues censées protéger la ville des marées, mais le budget n'est plus étanche. Et là c'est moins la faute de la météo que de la corruption, semble-t-il.

Alors il y a bien une autre solution, plus radicale : déplacer Venise aux Émirats arabes unis et créer un Venise Abu Dhabi… Parce que la dernière *acqua alta* a tout de même atteint 1,50 mètre. Et pour vous donner une idée, 1,50 mètre de haut c'est… ça revient à… Oh mon Dieu ! Quelqu'un a des nouvelles de Nicolas Sarkozy ?

Bref, Venise a toujours été une ville-musée. On peut y découvrir le témoignage du passé et désormais on y voit aussi un témoignage de ce qui nous attend demain.

Aux chiottes, la pub !

Les écrans publicitaires nous traquent jusque dans les toilettes. L'Assemblée nationale s'est emparée du sujet, à l'initiative de députés Insoumis et LR, qui ont déposé un projet de loi intitulé « Uriner en paix ». Car Coca-Cola ne se contente plus d'occuper l'espace vide de notre cerveau, il lui faut aussi l'espace plein de nos vessies. À croire que les marques cherchent à se venger de toutes ces soirées télé où nous avons profité de la pub pour aller au petit coin. Et les occasions sont de plus en plus nombreuses puisque autrefois, on regardait des films entrecoupés par des pages de pub, alors qu'aujourd'hui on regarde des pubs entrecoupées par des pages de film.

Partout où l'on pose le regard dans l'espace public, notre rétine est assiégée par un écran lumineux. Jusqu'à l'intérieur des bus, où on a l'impression d'être à Times Square. D'ailleurs, il y a plus d'écrans dans certaines rues de Paris qu'au rayon télé de la Fnac.

Et voilà maintenant que les pubards s'en prennent à nos toilettes. Dans certaines brasseries, aux quatre coins de la

France, lorsque ces messieurs se soulagent dans une pissotière, sous leur nez on leur diffuse un spot pour de la bière. Vous n'avez pas encore eu le temps de l'évacuer qu'on vous incite à en racheter.

Dans certains débits de boissons, lorsque ces dames s'assoient, un cadre accroché plus bas sur la porte les incite à acheter. Si votre banquier s'inquiète, répondez-lui que vous avez surconsommé à cause de votre cystite. Et les enfants ? Vous les mettez en garde contre l'utilisation abusive de la tablette, alors qu'en même temps les agences leur mettent des écrans sous le nez dès qu'elles en ont l'occasion. Alors on va leur dire quoi ? « Non, chéri, tu te retiens d'aller aux toilettes car tu as déjà été trop exposé aux écrans pour aujourd'hui. »

Un écran de 2 m^2 consomme 7 000 kW/an, soit la consommation d'un couple avec un enfant. Aujourd'hui, le sketch du bonhomme Cetelem nous coûte plus cher que Brad Pitt et George Clooney réunis (mauvais exemple puisque George Clooney c'est Nespresso et Brad Pitt c'est Boursorama). Soit. Selon l'Ademe, il faut plusieurs tonnes de matériaux pour fabriquer un écran de 1 m^2, et au moins 550 kg de CO_2... Oui, comme celui qui a été installé dans nos studios de radio, tout ça pour afficher le logo de la chaîne, alors que vu le coût carbone, ce serait plus malin d'y projeter des pubs pour des panneaux photovoltaïques.

Et tous ces écrans sont équipés de capteurs qui analysent le mouvement de notre regard. Comment voulez-vous arriver à faire pipi quand vous savez que vous êtes espionnée par Jacques Séguéla ? Moi ça me bloque ! Et j'imagine à quel point ça doit être intimidant pour les hommes d'uriner sous les yeux de Charlize Theron.

Quand on est sur Internet, pour accéder à un article de vingt lignes, on nous demande de regarder trois pubs, donc, si tu as envie de t'instruire pendant trente secondes, tu dois d'abord être lobotomisé pendant deux minutes. Aux chiottes, la pub !

Lisez-moi, Élysée-moi

Aux moments opportuns du calendrier électoral, les librairies regorgent de livres politiques. Quand les leaders ont du mal à se distinguer dans leur parti, ils se manifestent dans l'édition. Les politiques ont besoin de se confier, de raconter. Pas forcément leurs idées, plutôt leur vie, leur enfance… Alors qu'ils ont Laurent Delahousse pour ça ! En plus, la plupart des citoyens n'ont déjà pas le courage de lire jusqu'au bout les tracts distribués sur les marchés, alors les livres politiques…

Est-ce qu'on a déjà vu quelqu'un changer d'avis sur une femme ou un homme politique en lisant son bouquin ? À part moi… J'avoue que le jour où je l'ai lu, j'ai compris que Jean-François Copé avait un véritable rôle à jouer en France : celui de bien caler la porte de l'armoire de mon bureau.

Et vous avez lu les titres de tous ces ouvrages ? *Ce que je ne pouvais pas dire*, Jean-Louis Debré ; *Ce que je peux enfin vous dire*, Ségolène Royal ; ou François Hollande, *Un président ne devrait pas dire ça*. Et alors quoi, le reste de l'année, c'est la muselière ? On est en France ou en Corée du Nord ? Et le pompon : *Ce qu'ils ne veulent pas que je dise*, Alexandre Benalla (alors que tout est déjà dans le hors-série du *Canard enchaîné*).

Rien qu'à lire les titres, on comprend pourquoi ils sont passés à côté des prix littéraires : *Une histoire sentimentale*… Marc Levy ? Non, François Baroin ! *Il est où, le bonheur ?*, ça c'est Ruffin (François, pas Jean-Christophe… blague France Inter, l'un des deux est prix Goncourt). Donc aujourd'hui, si Karl Marx publiait son livre, il titrerait comment ? *Mon capital à moi* ?

Après, pourquoi pas, mais plutôt que des autobiographies, il faudrait que chacun écrive un livre lié à son domaine de compétence. Par exemple, Balkany pourrait écrire *L'Optimisation fiscale pour les nuls* ; Gérald Darmanin, *Les 100 Meilleures Façons de draguer* ; et Manuel Valls, *Le Guide du routard des laïcs à Barcelone*. Quant à Nicolas Dupont-Aignan, il a déjà écrit treize livres. C'est plus que le nombre de gens qui votent pour lui.

Les politiques, ça ne leur suffit plus de redouter Élise Lucet, ils cherchent aussi à se faire détruire par « Le Masque et la Plume ».

Ils ont leur logique : t'as pas d'actu, donc t'écris un livre, alors t'es invité dans les médias, et comme en faisant ta promo tu donnes ton avis sur la politique, bam ! tu crées une actu ! Et comme « on ne peut plus rien dire », autant l'écrire.

Tant qu'à faire, ils pourraient plutôt écrire des fictions, il n'y a qu'à jeter un œil aux promesses de campagne pour constater l'étendue de leur imagination.

On ne lâche rien

Devant le nombre de manifestations organisées en France, j'ai pensé qu'il était temps de capitaliser sur la contestation sociale : je lance Manif, l'application pour faire des rencontres dans les manifestations. On est la start-up nation, ou pas ? Je veux aider les manifestants à trouver l'amour et j'ai déjà le slogan : « Avec l'appli Manif, rencontre l'homme ou la femme de tes grèves ! » Ça claque, non ?

Pour le nom, j'hésite encore : « Adopte un gréviste » ? « ManifesTinder » ? Ou « Les Cortèges de l'amour », pour le glamour, parce que pécho quand on porte un bonnet, une grosse écharpe et qu'on a une haleine de merguez à la sauce samouraï, c'est un handicap. C'est pour ça que dans cette appli, il faut tout miser sur la photo de profil. Mais attention : mettez-la en ligne avant la manif. Parce qu'on sait de quoi on a l'air quand on y va, mais on n'est pas sûr d'avoir le visage dans le même état à l'arrivée… Il y a un système de « match », comme sur Tinder. On fait défiler des photos et quand on aime bien on swipe vers la gauche, évidemment.

Ensuite, on donne des renseignements sur son profil : son

syndicat, son slogan préféré, si on a encore ses deux yeux ou seulement un, etc. Puis, les algorithmes nous proposent des gens qui nous correspondent. Si on est un homme qui a voté Hamon et qui est syndiqué CFTC, on n'affiche pas des Mélenchonistes de FO, ça ne matchera pas. Parce que moi j'espère unir des gens de l'opposition. Et inutile de vous dire que mes algorithmes sont plus efficaces que Raphaël Glucksmann.

On peut géolocaliser précisément son ou sa future partenaire dans le cortège, parce que ce n'est pas simple de se retrouver dans une manif : on connaît tous les « Rejoins-moi à 14 heures place de la République, pour me reconnaître c'est facile, j'aurai dans la main un drapeau de la CGT. »

Grâce à mon application, les parents pourront raconter à leurs enfants : « Quand maman a vu papa sous sa grande banderole, son cœur a fait boum. » (Il faut dire qu'un CRS venait de jeter une grenade de désencerclement…) Depuis que j'ai cette idée, je n'arrive pas à chasser de ma tête l'image de Philippe Martinez en Cupidon (ne faites pas ça chez vous ou cette pensée va vous hanter).

La finalité de ce projet est simple : à défaut d'obtenir une meilleure retraite en manifestant, désormais on pourra trouver quelqu'un pour partager ses factures.

Un point c'est tout

« Demain, la retraite, ça sera simple comme un coup de fil ! Il suffira de consulter son smartphone pour compter ses points ! » La retraite ça sera bientôt comme ma carte Carrefour. Et c'est normal puisqu'on nous y habitue dès l'école, quand on cherche à gagner des points en dictée. Et puis des points au Scrabble, des points SNCF, jusqu'à ce qu'on perde des points de permis, et encore, ça c'est rien si t'as réussi à éviter des points de suture. C'est bête, parce que toi, tu avais juste pris ta caisse pour aller d'un point A à un point B, et tu as croisé la route d'un flic qui t'a remis les points sur les *i*.

Le point de départ est le même pour tous, c'est lorsque tu arrives au monde. Puis tu grandis, et déjà, ça devient injuste : à l'adolescence, des points noirs, certains en ont plus que d'autres. Et puis plus tard dans la vie, il y a ceux qui tôt le matin passent devant la pointeuse et ceux qui tard le soir bossent devant le PowerPoint. Ceux qui mettent leurs poings dans leur poche et ceux qui tapent du poing sur la table.

Et ça ne s'arrête jamais : tu lui offres des fleurs, tu marques des points. Tu oublies son anniversaire, tu perds des points. Tu es rivé sur les points de la Ligue 1, elle aimerait que tu trouves son point G.

Et généralement, c'est à ce moment-là qu'ils font le point sur leur vie : ils identifient quel en est le point d'orgue, ils dissipent les points d'interrogation, ils tentent d'oublier les points de détail.

Si tu es de gauche, tu te moques des points de croissance. Si tu es fonctionnaire, tu regardes ton point d'indice. Si t'es gilet jaune tu campes sur le rond-point et si t'es à droite, bien sûr, tu lis *Le Point* (cette phrase fonctionne aussi avec « point de vente »).

J'en arrive au point de chute : le point, c'est un truc qui nous suit de la naissance à la tombe. Depuis le point du jour jusqu'au point mort. Trois petits points.

Caricatures

Le *New York Times* a expurgé le dessin de presse de ses pages et viré les dessinateurs, au prétexte d'une caricature jugée mal à propos : le Premier ministre israélien Benyamin Nétanyahou apparaissait sous les traits d'un chien tenu en laisse par un Donald Trump coiffé d'une kippa (un croquis signé du dessinateur portugais Antunes). Je ne sais pas si de nos jours « on ne peut plus rien dire », mais en tout cas, au *New York Times,* on ne peut plus rien dessiner. En pleine prolifération des fachos, on canarde le dessin de presse, la seule chose qui faisait l'effet d'un coup de poing dans la conscience (peut-être pas autant qu'un édito de Christophe Barbier, mais ça se joue à pas grand-chose).

Il fallait s'attendre à ce que ça se passe comme ça aux États-Unis : leur Président est déjà une caricature, il est donc normal que les caricaturistes perdent leur boulot. Elles sont déjà partout autour de nous : on a des caricatures d'hommes politiques, des pastiches d'extrémistes religieux, ou des parodies de dictateurs coréens coiffés en brosse. On vit tous dans un hors-série de *Charlie Hebdo*, en fait ! Résultat : il n'y a plus de boulot pour les dessinateurs.

Franchement, est-ce qu'on a besoin de dessins satiriques dans un monde où les vaches ont des hublots ? C'est foutu pour le dessin de presse, on peut se creuser les méninges pendant des heures, on ne trouvera jamais de blagues plus absurdes que le parcours politique de Manuel Valls. Ça la fout mal. Parce qu'un journal sans caricature, ça ne ressemble à rien : regardez *Les Échos*, si on enlève toutes les caricatures sur la fonction publique ou sur la dette, il reste quoi ? Une feuille A3 ?

Si maintenant on a tellement peur d'être offensé, c'est peut-être qu'on est arrivés au plus haut stade narcissique de notre civilisation : ça signifie qu'on va crever du réchauffement climatique, mais en faisant un selfie. Alors que la caricature, c'est un vent frais.

Crayonner librement, c'est pouvoir penser tranquillement. Si les journaux se censurent eux-mêmes, les dictateurs vont s'ennuyer.

Après, on dit que la situation est critique pour les dessinateurs, mais relativisons : OK, aujourd'hui ils se font virer, mais en 2015 ils se faisaient tuer. Il y a du mieux, il faut le reconnaître.

Chaud dehors !

Les terrasses chauffées sont désormais interdites à Rennes. À Paris, il en existe des milliers, une aberration écologique puisque dans les bars des grandes villes, il fait plus chaud dehors que dedans. L'hiver en terrasse, je remets ma veste pour aller commander un verre au zinc. Je me suis donc demandé : « Mais *qui* a eu cette idée ? » Qui a pensé un jour : « Tiens, il fait – 2 degrés dehors, je vais accrocher un grille-pain au-dessus de ma terrasse ! » Ça consomme à fond, c'est une résistance électrique. Si encore ils s'en servaient pour faire des raclettes, mais même pas !

La capitale compte plus de quinze mille terrasses chauffées : Paris champion du monde du climat ! Quand je pense à mon grand-père qui, quand je ne refermais pas la porte l'hiver, hurlait : « On ne chauffe pas la rue ! » Aujourd'hui, il en serait malade. En France, l'État laisse chauffer les terrasses et *en même temps* il appelle chez toi six fois par jour pour te demander si t'as entendu parler de l'isolation à 1 euro.

À quoi ça sert d'aller au café en trottinette électrique si une fois arrivé tu consommes l'équivalent d'un mois de chauffage d'une famille de quatre personnes dans les Vosges ? C'est un peu énervant quand un bobo t'explique qu'il est hors de question qu'il achète des fraises en hiver, alors qu'il boit son café certes avec une touillette en bambou mais sous un brasero à 15 kW.

Salauds de fumeurs ! C'est leur faute, évidemment ! Avant, ils nous pourrissaient l'atmosphère et maintenant ils s'attaquent à la banquise. Alors que les fumeurs, ils n'en ont déjà rien à foutre de leurs poumons, comment voulez-vous qu'ils s'intéressent à celui de la planète ? Ils auraient peur de mourir de froid, mais pas de mourir de la clope ?

À Rennes, l'alternative aux chaufferettes, ce sont les plaids. Des couvertures ! Et là je pose cette question : comment font les Rennais quand ils ont un rencard ? Vous auriez envie de voir votre rendez-vous Tinder avec le même look que si vous aviez déjà trente ans de vie commune ?

De toute façon, ce débat sur les terrasses chauffées n'aura déjà plus aucun sens dans vingt ans puisqu'il fera 25 degrés en janvier dans les rues. Alors aujourd'hui, en terrasse chauffée ou pas chauffée, chacun sa résistance.

Flexibilise-moi ![1]

Que c'est bon d'être travailleuse
Car le jour dans mon open space
Quand l'écran se met en veilleuse
Que je ralentis le process

Je m'fais flexibiliser la besogne
Je m'fais benchmarker l'boulot
Je m'fais délocaliser en Pologne
Je m'fais squeezer les régimes spéciaux

Je m'fais disrupter le charbon
Je m'fais paramétrer l'annuité
Je me fais impacter la pension
Je m'fais targueter l'indemnité

Je me fais outsourcer la paye
Je me fais performer le taf

1. D'après « Les Nuits d'une demoiselle », Colette Renard.

Je m'fais séquencer l'oseille
Je me fais dropper l'Urssaf

Je m'fais débriefer le protocole
Je m'fais challenger l'gagne-pain
Je me fais splitter le pactole
Je m'fais performer le turbin

Je me fais upgrader la tâche
Je me fais loser la Sécu
Je me fais défalquer le cash
Je me fais diluer les écus

Je m'fais privatiser la retraite
Je m'fais feedbacker le job
Je m'fais externaliser à perpète
Je me fais niquer la pause clope

Mais vous me demanderez peut-être
Ce que je fais la nuit durant
Oh, cela tient en peu de lettres
J'fais des heures sup
Tout simplement

Remerciements

Merci à Romain Faure-Geors et Thierry Gounaud, mes co-auteurs.

Table

Composition : Utibi.
Achevé d'imprimer par Grafica Veneta S.p.A.
à Trebaseleghe (Pd).
Dépôt légal : mars 2020.

ISBN 978-2-207-15942-2 / Imprimé en Italie.

360182